Helmut Krebs und Michael von Prollius

Mythos Anarchokapitalismus

Helmut Krebs und Michael von Prollius

Mythos Anarchokapitalismus

herausgegeben von Michael von Prollius
Edition Forum Freie Gesellschaft
Bd. 5

Bibliografische Information der Deutschen Nationalbibliothek:
Die Deutsche Nationalbibliothek verzeichnet diese Publikation in der
Deutschen Nationalbibliografie; detaillierte bibliografische Daten
sind im Internet über http://dnb.dnb.de abrufbar.

Forum Freie Gesellschaft, Fürstenberg
Herstellung und Verlag: BoD – Books on Demand, Norderstedt
Titelbild und Umschlaggestaltung: Björn von Prollius
Typografie: Helmut Krebs
ISBN: 978-3-7392-1774-1

Die Erneuerung und Weiterentwicklung des klassischen Liberalismus ist eine umfassende Aufgabe. Im Zentrum stehen die Überprüfung zentraler Prinzipien und die Auseinandersetzung mit verwandten, konkurrierenden, aber auch unvereinbaren Weltanschauungen. Auf den Anarchokapitalismus treffen alle drei Adjektive zu. Das Verhältnis des klassischen Liberalismus zum Anarchokapitalismus gilt es zu klären. Darum geht es in dem vorliegenden Buch. Daher werden Axiome des Anarchokapitalismus überprüft und mit den Prinzipien des Liberalismus kontrastiert.

Die nachfolgenden Texte sind meist überarbeitete Fassungen von Beiträgen, die auf der Internetplattform Forum Freie Gesellschaft (www.forum-freie-gesellschaft.de) erschienen sind. Zu den Originalen zählen Positionspapiere und Working Paper, Rezensionen und Analysen. Diskutiert wurden einzelne Aspekte unter anderem in der Facebook Gruppe „Liberale Debatte". Für die nachfolgenden Erkenntnisse und Irrtümer tragen allein die beiden Autoren die Verantwortung.

Heidelberg und Berlin, im Dezember 2015

Inhaltsverzeichnis

Anarchokapitalismus ist in. Das gilt zumindest für die wenigen Menschen, die im Staat die größte und entscheidende Bedrohung der Freiheit verkörpert sehen. Aufmerksamkeit und Zustimmung erlangen Anarchokapitalisten durch die kompromisslose Klarheit ihrer einfach verständlichen Axiome. Insbesondere junge Menschen fühlen sich von den polarisierenden Aussagen angezogen. Aber auch ältere Anarchisten halten den Anarchokapitalismus zuweilen für eine konsequente Fortsetzung des liberalen Programms, also für die Vervollkommnung einer Ordnung der Freiheit. Es ist die Bereitschaft, weiter zu gehen, als es Liberale tun, die die Gegner von Staat, Aggression und Herrschaft verbindet.

Unter Freiheitsfreunden ist ein Wohlwollen gegenüber Anarchisten und insbesondere Anarchokapitalisten verbreitet. Von Anthony de Jasay bis Henry Hazlitt finden sich verständnisvolle Bemerkungen. In der Substanz ist in das unangebracht wie die nachfolgenden Ausführungen zeigen. Anarchokapitalisten haben den Liberalismus nicht weiterentwickelt, sondern überwunden. Anarchokapitalismus ist illiberal. Anarchokapitalisten sind nur scheinbar Freunde der Freiheit, weil ihre Weltanschauung auf Unfreiheit, Selbstjustiz, Gewalt und geschlossene Gemeinschaften hinausläuft. Diese Urteile mögen hart klingen; sie sind jedoch lediglich die Konsequenz der nachfolgenden Analysen anarchokapitalistischer Dogmen.

Um einen Überblick zu bekommen, wer dem Anarchokapitalismus anhängt, ist es hilfreich, dessen Anhänger in verschiedene Gruppen zusammenzufassen:

- Wie erwähnt begeistern sich vor allem junge Menschen für die Klarheit und Kompromisslosigkeit anarchokapitalistischer Prinzipien. Dazu zählen das *Nichtaggressionsprinzip* als alles überragende Maxime. Ferner die eindeutig zuordnenbare Gewalt – schließlich hat der Staat das Gewaltmonopol inne. Ein staatlich geschaffenes Monopol ist ohnehin inakzeptabel. Das ist eine der frühen Lektionen, die jeder Schüler begreifen kann. Schließlich sei der Dualismus von gut und böse, von richtig und falsch, von einfachen Prinzipien und komplexer, kompromissbehafteter Realität erwähnt.

- Einer weiteren Gruppe lässt sich das Etikett Utopie aufprägen. Naiv wäre als Bezeichnung auch treffend. Altersunabhängig handelt es sich um Menschen, die zuweilen weltfremd sind, weil sie nur ihren kleinen Ausschnitt ihrer Lebenswelt zum impliziten Maßstab machen, zuweilen auch abgeleitet aus Bücherwelten. Die politische und ökonomische, aber auch sicherheitlich zuweilen harte und durch Kompromiss gekennzeichnete Alltagswelt scheint ihnen letztlich fremd zu sein.

- Schließlich gibt es eine Gruppe führender Anarchokapitalisten, die unbewusst oder bewusst Vertreter des Feudalismus sind. Hinter der Prämisse unbeschränkter Freiheit für jedermann, ungestört durch Recht, Gewalt und Herrschaft, verbergen sich Rudimente gesellschaftlicher Neuordnungen, die zurück in die Vergangenheit weisen. Monarchie, Gottesglaube, Gewaltunternehmer und segregierte Lebensweisen stehen der liberalen – offenen, pluralistischen – Gesellschaft entgegen. Noch unangenehmere Organisationsbezeichnungen wären treffend, um zu beschreiben, was hier im Verborgenen lauert.

Mit Anarchokapitalismus verhält es sich in gewisser Weise so wie mit romantischer Liebe. Die entflammte Leidenschaft schafft eine Welt, die die herkömmlichen Grenzen des Daseins zu sprengen scheint. Plötzlich ist viel mehr möglich als in der schnöden, begrenzten Welt zuvor. Es steigt eine Erkenntnis auf, die sich als tiefere Einsicht gebärdet: Ein vollständigere Entfaltung der eigenen, bisher vernachlässigten und verschütteten Fähigkeiten ist möglich. Ein besseres Leben scheint dauerhaft zum Greifen nah. Doch wenn die Flamme nachlässt, der romantischen Liebe nicht die tiefere, alltäglichere, realistische Liebe folgt, dann erweisen sich die Empfindungen und Gedanken der Zeit des Überschwangs als schöne, naive, intensive Erfahrung, der ein dauerhafter Platz in der Geschichte des Lebens gebührt – als Ausnahmezeit. Anarchokapitalismus gleicht einer solchen Schwärmerei. Wer erwachsen geworden ist, kann der Utopie einen gerechten Platz zu weisen. Wer den rosaroten Tunnelblick durch nüchternes Einbeziehen der Realität erweitert, der mag mitunter Zeit seines Lebens schwärmen, aber nur mit einem Zwinkern, vielleicht auch einem Seufzer.

Leider fällt es nicht nur schwer mit Anarchokapitalisten zu diskutieren. Weit überwiegend ist ein bereichernder Austausch nicht möglich. Das hat verschiedene Gründe. Dogmatismus und mangelnde Offenheit, Vehemenz und problematische Persönlichkeiten, ferner Abspulen von auswendig gelernten

Anti-Staazi-Sätzchen gehören dazu. Das mag auch der Welt sozialer Medien geschuldet sein. Dort fällt es nicht zuletzt aufgrund der Anonymität und mangelnden Sanktionierung schlechten Benehmens manchem schwer, die Contenance zu wahren. Keineswegs gelten diese Erfahrungen für alle Anarchokapitalisten, zumal sich nicht alle als solche bezeichnen. Der weltfremde Dogmatismus mit Hang zum Sektierertum ist jedoch ausgeprägt. Manche Institution erinnert an eine Sekte. Das wirft indes eine weitreichende Frage auf: Wie würden sich Menschen in einem ähnlich herrschaftsfreien Raum in der realen Welt verhalten? Im schlimmsten Fall so, wie es Jörg Baberowski analysiert hat und diesem Buch nachzulesen ist. Letztlich scheitert der bereichernde Austausch indes an der Unvereinbarkeit von Anarchokapitalismus und Liberalismus.

Anarchokapitalismus mutet mondän an. Anarchie als Herrschaftsfreiheit scheint der letzte Schritt für die Zivilisation in die Moderne zu sein. Kapitalismus war der erste Schritt und sollte konsequent verwirklicht für vollkommene Wohlfahrt sorgen. Tatsächlich ist Anarchokapitalismus ein Pleonasmus. Anarchie und Kapitalismus gehen nicht zusammen. Es gab keinen Kapitalismus ohne Staat. Vielmehr ist der Kapitalismus erst im Zuge der modernen Staatsbildung entstanden. Kapitalismus ist zudem ohne Recht nicht denkbar. Und Recht erfordert den Staat zur Durchsetzung. Schließlich findet die Anarchie des Marktes im Rahmen des Rechts statt. Es ist ein Irrtum zu glauben, Anarchie als Staatsfreiheit sei identisch mit der spontanen Ordnung des Marktes. Entscheidend ist: Sicherheit ist kein Gut wie jedes andere auch. Gewaltmärkte und Gewaltunternehmer blühen in staatsfreien und staatsfernen Zonen. Wozu Staatsverfall und Staatsversagen führt, lässt sich im Nahen und

Mittleren Osten sowie weiten Teilen Afrikas seit Jahren verfolgen. Unsägliche Gewalt wird zum Alltag. Der Staat ist immer noch der einzige Garant der Rechte der Bürger und bleibt, nicht nur ins Absolute gesteigert, eine Bedrohung für die Bürger. Heute fordern supranationale Institutionen und Nichtregierungsorganisationen den (National-)Staat heraus.

Selbst motivierte, engagierte Freunde der Freiheit sympathisieren zuweilen mit Anarchie und Anarchokapitalismus. Freiheit für jedermann, überall, jederzeit erscheint attraktiv zu sein. Warum nicht Freiheit auf immer weitere Bereiche ausdehnen, für die bisher der Staat zuständig ist? Geldwettbewerb statt Zentralbanken. Sicherheitsunternehmen statt Polizei und Streitkräfte. Private Schlichter statt staatlicher Gerichte. Tatsächlich ist Gewalt kein Gut wie Schokoriegel oder Urlaubsreisen. Und Gewalt lauert überall. Unter dem Schutz des Staates scheint das in Deutschland und weiten Teilen der westlichen Welt zuweilen in Vergessenheit zu geraten.

Wer sich intensiver mit Anarchokapitalismus und Anarchie beschäftigt, der findet Herrschaftsfreiheit bald weitaus weniger attraktiv als es intellektuell zuweilen suggeriert wird. Es gibt keinen Denker, der überzeugend darlegt, dass Anarchie eine realistische Lebensweise darstellt, die tatsächlich ohne Herrschaft bleibt oder auch nur mehr unversehrte Freiheit bietet. Anarchokapitalismus zielt auf die Überwindung von Staat und Gesellschaft wie wir ihn kennen und erleben. Liberale streben nach einer verbesserten Welt, in der wir weiter leben, mit einem kleineren Staat und einer viel größeren Freiheits- und Verantwortungssphäre für alle Menschen. Noch einmal: Anarchokapitalisten streben nach einer Überwindung der bestehenden Gesellschaft und einer Abschaffung des Staates. In

Deutschland gehört diese politische Haltung zum Extremismus. Extremisten lehnen den demokratischen Verfassungsstaat ab. Anarchokapitalisten wenden sich zweifellos gegen eine rechtsstaatliche Herrschaftsordnung.

Nun ließe sich fragen: Warum ein Buch über Anarchokapitalismus schreiben, wenn es sich nicht erkennbar lohnt, darüber nachzudenken, wenn Anarchokapitalisten nichts zur Fortentwicklung unserer Gesellschaft beizutragen haben, sondern diese überwinden wollen? Eine Antwort lautet, um den Anarchokapitalismus als das zu entlarven, was er ist: ein gefährlicher Mythos. Diejenigen, die den Glaubenssätzen der Anarchisten folgen, haben die Chance, die nachfolgende facettenreiche Kritik zu lesen und sich ein eigenes, differenziertes Bild zu machen. Diejenigen, die dem Anarchokapitalismus weiter anhängen sind aufgerufen, ihre Argumente zu schärfen, um die nachfolgende Kritik zu entkräften.

Gibt es einen festen Kern des Liberalismus?

von Helmut Krebs

Von der Antwort auf diese Frage hängt für die liberale Bewegung eine Menge ab. Wenn es diesen Kern nicht gibt, dann handelt es sich beim Liberalismus lediglich um ein historisch vergängliches Phänomen. Ein Beispiel für eine mehr zufällige Strömung ist der Konservatismus. Niemand vermag den Begriff in einer Weise zu definieren, dass damit ein erheblicher Teil derjenigen, die sich als Konservative verstehen, einverstanden ist. Die Strömung eint nichts Bestimmtes, sie ist eher Ausdruck eines vagen Lebensgefühls, einer Abneigung gegen Veränderung. Ist Liberalismus in ähnlicher Weise arbiträr, vielleicht als Ausdruck eines bestimmten Freiheitsimpulses? Dann wäre eine Abgrenzung gegen andere Strömungen, die sich die Freiheit auf die Fahnen schreiben, einschließlich religiöser Bewegungen, unmöglich. Die Wandervögel des ausgehenden 19. Jahrhunderts sangen das Lied von der Freiheit und meinten damit doch das Gegenteil dessen, was ich darunter verstehe.

Kernlose Ideen zerfallen oder mutieren beliebig. Ist der Liberalismus längst in ein Delta von tausend Flüssen zerfasert, die niemals wieder zueinander finden können? Ist es ein Wieselwort geworden, für bestimmte Kreise attraktiv, doch beliebig mit Inhalt zu füllen. Gibt es also, wie der Schweizer Monat es Karen Horn (Ausgabe Juli/August 2015, S. 3) in den Mund gelegt hat, den „wahren" Liberalismus gar nicht?

Wenn es nun doch gute Gründe gibt für die Annahme, dass ein fester Kern existiert und damit ein „wahrer" Liberalismus, stünden wir vor folgender Situation: In einer sehr zergliederten ideologischen Landschaft würden sich unterschiedliche Strömungen darum streiten, ob – gemessen am Kerngedanken des Liberalismus – bestimmte politische Programme, Maßnahmen oder Tatbestände kritikwürdig sind oder zustimmungsfähig. So viele Stimmen und Meinungen auch vorhanden wären, es gäbe doch einen gemeinsamen Maßstab. Der Kern bliebe ein Kern, nicht mehr, aber auch nicht weniger. Für Varianten und Abweichungen in ungewissen Projekten wäre Raum. Der Kern wäre gegenüber vielen Standpunkten indifferent, weil viele Wege nach Rom führen. Es gäbe weiterhin Vielfalt und zuweilen auch Streit, aber es gäbe doch die Möglichkeit, sich auf einen gemeinsamen Nenner zu einigen. Ein Nenner, der auch Wesensfremdes ausschließen würde.

Wie kann man sich der Antwort auf die Frage nähern, ob es einen festen Kern des Liberalismus gibt? Wir müssen den Begriff als einen sowohl historischen als auch philosophischen auffassen. Philosophisch bedeutet das, Liberalismus hat sich in einer Denktradition herausgebildet, die bestimmte unverrückbare Grundsätze kennt. Historisch bedeutet es, dass Liberalismus nur konturiert werden kann, wenn wir seinen historischen Bezugsrahmen nicht zu weit und nicht zu eng fassen.

Tatsächlich ist der Liberalismus als eine Strömung der Aufklärung seit der zweiten Hälfte des 17. Jahrhunderts entstanden.

Er fußt weltanschaulich auf dem neuzeitlichen Rationalismus, der bereits seit dem 16. Jahrhundert vor allem im Zuge der Ausprägung der Naturwissenschaft entwickelt wurde (und weit zurück in die Antike reicht). Der Liberalismus war eine Ideologie, die die merkantilistische Wirtschaftspolitik durch Freihandel ersetzen wollte und eine verfassungsbasierte demokratische Regierung anstrebte. Aus diesen historischen und philosophischen Fäden formten die klassischen Liberalen – namentlich Hume und Smith – ein Denkgebäude, das drei zentrale Werte in sich einschloss:

1. Die freie Marktwirtschaft mit Sondereigentum an den Produktionsmitteln, basierend auf einer spezialisierten Arbeitsteilung in offenen Großgesellschaften.

2. Der besondere Schutz von Freiheit und Eigentum als Grundrechte.

3. Die Herrschaft des Rechts und die Gleichheit aller Menschen vor dem Gesetz in einem Rechtsstaat mit Gewaltmonopol.

Dies sind die drei Kernideen des Liberalismus in historisch klassischer Sicht. Viele weitere Denker sind bis heute dabei, diese Gedanken weiter zu spinnen. Nun stellt sich die Frage: Sind das noch immer die Kernideen oder haben sie sich überholt?

ad 1. Zur freien Marktwirtschaft heißt die Alternative Planwirtschaft oder in einer gemäßigten Form Interventionismus. Es gibt kein Drittes dazwischen: Entweder die einzelnen unternehmenden Menschen entscheiden oder eine staatliche Behörde entscheidet über Investitionen, Einkommen, Preise usw. Nun gibt es niemals eine konkrete Gesellschaftsform, in der diese Extreme absolut und rein ausgeprägt sind. Es geht also praktisch immer um das Mehr oder Weniger. Der Liberalismus ist für mehr Entscheidungsfreiheit der Individuen und für weniger Staat.

ad 2. Zu den Grundrechten gibt es keine andere Alternative als Despotie und Sozialismus, als Willkürherrschaft und Staatseigentum. Der zweite Punkt hängt natürlich eng mit dem ersten zusammen. Ist die Frage heute eine andere als vor zweihundert Jahren? Wohl kaum.

ad 3. Die Alternative zur Herrschaft des Rechts ist die Herrschaft von Menschen über Menschen, von Führern über Untergebene. Auch heute stellt sich die Problematik keineswegs anders dar. Die Aushöhlung des Rechtsgedankens ist eine immerwährende Gefahr, wo es staatliche oder private Machtkonzentration gibt. Hochaktuell ist dieser dritte Punkt angesichts zahlreicher Krisen, in denen Recht gebrochen wird.

Wir nähern uns nun dem philosophischen Aspekt des Problems. Der Liberalismus fußt auf Wissenschaft, in erster Linie auf der Ökonomie. Der Liberalismus ist eine Lehre vom Sollen. Wissenschaft lehrt über das Sein. Aus dem Sein lässt sich nicht auf das Sollen schließen. Aus der deskriptiven Wissenschaft bezieht der normative Liberalismus sein Tatsachenwissen. Aus den historischen Kernideen seine Werte.

Wissenschaft ist eine Errungenschaft des rationalen Denkens. (Es musste erst die Idee der Physik durchgesetzt werden, dass sensorisch wahrnehmbare Phänomene strenge Regelmäßigkeiten aufweisen, nicht zufällig und schwankend trügerisch sind, wie die Platonische Schule es vertritt.) Die Anforderungen an Rationalität von Wissenschaft sind:

a) plausible Kategorien als Prämissen (z.B. dem Begriff der Masse in der Mechanik, dem Begriff des Handelns in der Ökonomik)

b) klare Definitionen der Begriffe, logische Konsistenz der Schlussfolgerungen

c) Realitätshaltigkeit und eindeutige Bestimmung der Bedingungen, unter denen Sätze Gültigkeit haben.

Das Gegenteil, der Irrationalismus, stützt sich auf mystische Prämissen, Intuition der Erkenntnisse und Nichtwiderlegbarkeit. Die Beispiele dafür nehmen wir aus dem Denken von Marx: die „materiellen Produktivkräfte" als historische Beweger (unplausible Prämissen), den Klassenbegriff in Anlehnung an die feudalistischen Kasten (unklare Definitionen), die Behauptung, dass sich Geschichte ohne bewusstes Handeln der Menschen vollzieht, dass aber eine führende Partei notwendig sei (Inkonsistenzen), die Verelendungstheorie (mangelnder Realitätsgehalt).

Eine haltbare Lehre kann nur rational konstruiert werden. Daher bildet die Ökonomie die erste theoretische Grundlage des Liberalismus. Das Verstehen der Geschichte, das Verstehen der Bedingungen des zivilisatorischen Prozesses ist die zweite Grundlage, auf der die Werte basieren.

Ich denke, die drei genannten Kerne des Liberalismus sind einerseits abstrakt genug, um alle Liberalen zu einen, ohne einer offenen suchenden Bewegung eine Orthodoxie überzustülpen, an der sie erstarrt. Kern und Mantel bilden ein zusammenhängendes Begriffspaar. Der Liberalismus liefert ein Ideengut, das sich in der geschichtlichen Entwicklung immer wieder mit anderen Ideologien amalgamiert hat. Daraus entstanden die teilweise feindselig zueinander stehenden Richtungen der Sozial-Liberalen, Konservativ-Liberalen, gar der National-Liberalen. Es wäre viel erreicht, wenn der liberale Kern prioritär verstanden würde und nicht die changierenden Mäntel.

Nehmen wir als Beispiel die Familienpolitik. Ist die Schwulenehe aus liberaler Sicht abzulehnen? Schwule und Ehe gilt es zu analysieren. Schwulsein wird heute als Tatsache einer biologischen Variante gesehen, deren Norm die Heterosexualität ist. Es wurde und wird von fundamentalistischen Anhängern religiöser Glaubensgemeinschaften noch heute als Krankheit bzw. als Sünde betrachtet. Nun ist die Frage, ob es sich um eine Krankheit oder eine Variante handelt, eine Frage der Wissenschaft. Dazu hat der Liberalismus nichts beizutragen. Und zur Frage der Ehe als Sakrament haben die Theologen zu sprechen. Die Ehe als gesetzlicher Stand ist ein rechtliches und damit ein liberales Problem. Nach dem Gesichtspunkt der Gleichheit vor dem Gesetz und der größtmöglichen Freiheit der Bürger empfiehlt der Liberalismus, die Lebensweise der Menschen ihrer Selbstbestimmung zu überlassen, insoweit sie auf Freiwilligkeit beruht. Die steuerliche und sonstige gesetzliche Privilegierung von heterosexuellen Ehen verstößt gegen das Prinzip der Gleichheit vor dem Gesetz. Es müssen schon sehr schwerwiegende Gründe vorgetragen werden, um sie zu rechtfertigen. Dennoch können Liberale im Rahmen ihrer persönlichen Lebensführung praktizierende Christen sein. Sie können nur nicht die Vorschriften, die ihr Glauben ihnen auferlegt, anderen auferlegen und sie können nicht – als Liberale – eine religiöse Familienpolitik betreiben. Die Leugnung biologischer Tatsachen im Zusammenhang mit der sexuellen Orientierung ist andererseits von der Wissenschaft zu bekämpfen, deren haltbarste Ergebnisse der Liberalismus sich zunutze macht.

Die Kerngedanken des Liberalismus anzuerkennen bedeutet, die Einheit der Liberalen für möglich zu halten. Es bedeutet ferner, dass auf argumentativer Basis Meinungsverschiedenheiten benannt werden, dass aber der Gesprächspartner als Zugehöriger der einen liberalen Bewegung mit Respekt behandelt wird, wie meiner Meinung nach jeder Bürger behandelt werden sollte. Beschimpfungen und Stigmatisierungen sind ebenso wenig hilfreich wie Sezessionen und öffentliches Zerschneiden von Tischtüchern.

Freiheit, Moral und Recht

von Helmut Krebs

Zweck dieser Untersuchung ist es, die Regeln der Gesellschaft in Klassen zu zerlegen und ihre jeweilige Funktion zu bestimmen. Krokodile jagen Artgenossen und fressen auch eigenen Nachwuchs. Möglicherweise dient ihr Kannibalismus dazu, das Populationswachstum zu begrenzen und damit dramatischen Hungerkatastrophen vorzubeugen – insofern lässt es sich als funktionell zweckmäßig interpretieren. Uns Menschen schaudert der Gedanke, wir würden ähnlich verfahren. Menschlicher Kannibalismus ruft heftigen Ekel, Entrüstung und kompromisslose moralische Verurteilung hervor.[1] Ein sprechendes Krokodil würde anders urteilen. Delfine sind auch Raubtiere. Als reine

---

1   Ang Lee setzt sich in seinem Film „Das Leben des Pi" mit der Problematik einfühlsam auseinander. Bedeutend ist auch das Gemälde „Das Floß der Medusa" von Théodore Géricault (1819).

Fleischfresser jagen sie Wassertiere. Doch ihre Artgenossen jagen sie nicht und schon gar nicht ihre Nachkommen. Es wurde beobachtet, dass kranke Einzeltiere von Herdenmitgliedern an der Wasseroberfläche gehalten wurden, damit sie überleben. Wir nennen Delfine soziale Tiere und lieben sie, weil wir uns in ihnen wiedererkennen. Es wurde beobachtet, dass Elefantentanten ihre verwaisten Nichten und Neffen adoptieren. Die Affenliebe ist sprichwörtlich.[2] Doch berichtet die bekannte Forscherin Jane Goodall mit Entsetzen, dass dieselben Tiere, deren soziales Verhalten in der Horde sie studiert hatte und die sie darum liebte, ein Tier einer fremden Horde jagten, überwältigten, bei lebendigem Leibe zerrissen und auffraßen.[3]

Die Doppelnatur des Menschen

Der Blick auf andere Lebewesen sagt uns viel über unser tierisches Erbe. Es wirkt noch immer in uns. Sowohl aggressives als auch altruistisches Verhalten sind tierisches Erbgut des Menschen und bestimmen unsere Doppelnatur: *Homo homini*

---

2   „Dass Schimpansen selbstlos sein können, liegt an ihrer sehr langen Kindheit. Die Jungen sind fünf Jahre lang mit ihrer Mutter zusammen. So entstand in der Evolution eine starke Fürsorglichkeit." Jane Goodall in einem Interview der ZEIT vom 18.08.2011 (http://www.zeit.de/2011/34/Forschung-Jane-Goodall)

3   Ebd. „Es war ein Schock. Ich hatte gedacht, sie sind wie wir, nur netter. Die erste Ahnung, wie brutal sie sein können, bekamen wir, als eine Studentin eine Schimpansenmutter beobachtete und zusehen musste, wie ein Weibchen einer Nachbargruppe die Mutter angriff und ihr Baby umbrachte. Die Angreiferin sah zu, wie das Opfer an den Wunden starb; anschließend verspeiste sie das Kind. Dann kam ein vierjähriger Krieg. Eine Gruppe von Schimpansen, die bis dahin friedlich zusammengelebt hatte, teilte sich, und die beiden neuen Gemeinschaften kämpften ums Territorium. Wann immer die Männchen ein Tier der anderen Horde erwischten, brachten sie es um."

lupus est,[4] doch wir sind auch ein *zoon politicon*.[5] Die Ordnung des gesellschaftlichen Lebens berücksichtigen diesen Tatbestand und überformen die Triebe oder Instinkte mit rationalen Regeln.

Nebeneinander und miteinander wirken zwei Triebkomplexe. Nennen wir sie A (wie Aggression, Appetit, Alpha-Tier) und B (Bindung, Brutpflege, beschützen). Aggression, Jagd, Krieg, Eroberung, Unterwerfung, Mordlust, Siegeswille, Triumph usw. sind atavistische und unausrottbare Verhaltensprogramme aller Menschen. Doch die Fähigkeit zur Bindung an einen anderen Menschen, zur Bildung von Paaren, Familien, Sippen und anderen Gruppen, erwächst ebenso aus ererbten Verhaltensprogrammen. Die Naturwissenschaft entdeckte die Spiegelneuronen[6], in denen sie die physiologische Voraussetzung für Empathievermögen begründet sieht. Wir kennen Hormone, die starke Bindungsgefühle erzeugen, z.B. Oxytocin.[7] Alle gesunden Menschen sind sowohl A- als auch B-Wesen.

Sozialtheorien lassen sich danach unterscheiden, ob das zugrundeliegende Menschenbild Typ A oder B stärker beachtet. Hobbes wäre demnach ein Theoretiker der A-Richtung, Rousseau der B-Richtung. Sozialisten und Anarchisten betonen B, der Sozialdarwinismus ignoriert B, der Objektivismus (Ayn Rand) monopolisiert A. Der klassische Liberalismus bezieht sich auf beide Komponenten. Er geht von der Soziabilität des

---

4   Der Mensch ist des Menschen Wolf.

5   Gesellschaftswesen

6   Spiegelneuronen sind Gehirnzellen, die bei Imitationen beteiligt sind.

7   Marco Rauland: Feuerwerk der Hormone. Warum Liebe blind macht und Schmerzen weh tun müssen, Stuttgart, 2007, 118 ff.

Menschen ebenso aus wie von der nicht hintergehbaren Tatsache und Notwendigkeit des egoistischen Handelns.

Das egoistische Handeln

Um leben zu können, essen wir andere Lebewesen. Das ist eine Notwendigkeit, die wir nicht ändern können. Auch die wachsenden technischen Möglichkeiten einer synthetischen Nahrungsproduktion ändern nichts daran, dass wir die Lebensbedingungen anderer Lebewesen verändern, um selbst zu leben. Wir müssen uns Güter aneignen oder unter Verwendung vorgefundener Rohstoffe Güter produzieren, um zu leben. Hunger ist ein Bedürfnis. *Bedürfnis* bedeutet so viel wie *Mangel (bzw. Überfluss), den wir überwinden wollen.* Unsere Bedürfnisse sind zahllos. Sie treiben uns zum Handeln. Wir sammeln, produzieren, tauschen, aber wir rauben und morden auch, um Bedürfnisse zu stillen. Auf einer höheren Entwicklungsstufe, wenn die basalen Bedürfnisse leichter befriedigt werden können, werden die Bedürfnisse raffinierter. Wir kultivieren unser Verhalten, verfeinern unsere Genüsse.

Handeln zielt auf das Erlebnis von Lust und die Vermeidung von Unlust. Unlust, in misesianischer Terminologie *Unbefriedigtsein*, kann sich in vielfältigen materiellen und ideellen Tatbeständen äußern, ebenso Lust. Doch in allen Handlungen wählen wir Handlungsziele, deren Vorstellung mit Lust verbunden ist. Selbst ein mehrfach vermittelter Zusammenhang von Handlungszielen und Handlungsmitteln, zum Beispiel bei einem freiwillig gewählten Märtyrertod, spielt sich vor dem Hintergrund einer Lusterwartung ab, hier etwa einer letztendlichen Belohnung in einem Paradies des ewigen Lebens. Niemals handeln wir, um die Unlust zu steigern und um Lust zu vermeiden.

Das Regulativ des egoistischen Verhaltens ist das Kriterium von Lust und Unlust.

Zweckrationales Handeln

Ludwig von Mises nannte den homo sapiens *homo agens.*[8] Wir handeln, um unsere Lage zu verbessern. Handeln bedeutet Eingreifen in die Umweltbedingungen, ihre Veränderung zum Zweck der Minderung von Unbefriedigtsein oder der Vergrößerung von Befriedigtsein. Ihr Antrieb ist Unlust, Unbefriedigtsein. Handeln ist praktisch. Es setzt Mittel ein, die geeignet erscheinen, die Ziele zu erreichen. Erreicht das Tun sein Ziel, waren die Mittel geeignet, wenn nicht, waren sie ungeeignet. Wir sprechen von Nutzen oder Schaden. Handeln ist zweckrational. Die Ziele sind immer subjektiv. Sie orientieren sich letztlich an erlebter oder antizipierter Lust und Unlust.

Ob die Ziele egoistisch oder altruistisch sind, ändert nichts an der Kategorie des Handelns, die immer gleich bleibt. Ihre Teilmomente – 1. Unbefriedigtsein, 2. Ziel- und Mittelwahl und 3. Durchführung – sind konstitutiv und konstant. In gewisser Hinsicht können wir behaupten, dass alles Handeln letztlich immer egoistisch motiviert ist. Denn immer ist das letzte Ziel die Verbesserung der eigenen Lage. Das gilt auch für altruistische Handlungen. Wenn wir ein schreiendes Baby auf den Arm nehmen und nach dem Mittel suchen, das sein Schreien beendet, so handeln wir im Interesse des Babys und also altruistisch. Doch schmerzt uns auch das Schreien selbst und wir su-

---

8   Human Action, Kap. I.2.

chen nach Abhilfe dieses Unbefriedigtseins – wir handeln also egoistisch. Die Unterscheidung zwischen egoistischem und altruistischem Verhalten ist auf der Ebene des Handlungsmotivs unerheblich und verwirrend. Es ist von außen ohnehin unmöglich, über die Handlungsmotive absolute Gewissheit zu erlangen. Was wir begreifen können, sind die Handlungsziele. Auf der Ebene der Handlungsziele ist jedoch die Unterscheidung klar und bedeutend. Ein Fußballspieler, der immerzu versucht, den Ball selbst ins Tor zu schießen, wird von seinen Mitspielern zurecht als Egoist getadelt. Darum ist eine Ideologie, die alles altruistische Verhalten zu egoistischem erklärt, ein Handel mit Plattitüden.

Das Regulativ des menschlichen Handelns ist das Kriterium des Nutzens (bzw. Schadens).

Handeln in Kleingruppen

Wir haben in den beiden voranstehenden Abschnitten Handeln von einzelnen Menschen untersucht. Subjekt und letzter Bezugspunkt war der Einzelmensch. Diese Sichtweise nimmt die Ökonomik durchweg ein. Mises spricht in seinem Hauptwerk „Nationalökonomie" durchgängig vom Wirt im Singular. Wenn Gruppen ins Spiel kommen, so pocht Mises zurecht darauf, dass Gruppen nicht als Kollektivwesen handeln, sondern durch das Handeln der Einzelnen. Daraus kann das Missverständnis erwachsen, dass die Ökonomik den Menschen auf das Verhaltensprogramm A reduziert. An vielen Stellen weist Mises diese verengende Sichtweise zurück. Der Homo oeconomicus ist ein Zerrbild des Menschen.[9] Eine umfassende Hand-

---

9 „Es war ein grundlegender Irrtum der historischen Schule der Wirtschaftlichen Staatswissenschaften in Deutschland und des Institutionalismus in Ame-

lungslehre geht vom Menschen aus, so wie er ist, und bezieht seine altruistischen Instinkte ein. In den folgenden Abschnitten berücksichtigen wir die Phänomene, die sich aus dem Verhaltensprogramm B ergeben.

Menschen sind keine Einzelwesen. Das isolierte Individuum ist ein Gedankenbild, das die Philosophie in der Betrachtung der Verstandestätigkeit zeichnet. Der denkende Mensch ist, weil er denkt. *Cogito ergo sum.* Doch Denken und Handeln sind Grundgegebenheiten aller gesunden erwachsenen Menschen. Auch sie verbinden das Einzelwesen mit den anderen. Wir können beobachten, dass Menschen Sprache instinktiv erwerben, wenn sie in einer Sprachumgebung aufwachsen, aber Wolfskinder sprachlos bleiben.[10] Wir kommen zur Welt als Teil einer Gemeinschaft. Die elementarste Gemeinschaft ist die Mutter-Kind-Beziehung. Die Erweiterung um den Vater konstituiert im Normfall die Kleinfamilie. Auf der Grundlage einer jahrelangen Brutpflege sind feste und positive Bindungen überlebensnotwendig. Berühmt wurde das Ergebnis eines Menschenversuchs von Kaiser Friedrich II. (1194–1250) an

---

rika, die Wirtschaft nach dem Verhalten eines Idealtyps, dem Homo oeconomicus zu charakterisieren. Nach dieser Lehre befasst sich die traditionelle oder orthodoxe Nationalökonomie nicht mit dem Verhalten des Menschen, wie er wirklich ist und handelt, sondern mit einem fiktiven oder hypothetischen Bild. Es zeichnet ein Wesen, das ausschließlich durch „ökonomische" Motive getrieben ist, d.i. einzig von der Absicht, den größtmöglichen materiellen oder monetären Gewinn zu erzielen. Ein solches Wesen findet und fand keine Entsprechung in der Wirklichkeit; es ist das Phantom einer fehlerhaften Lehnstuhl-Philosophie. Kein Mensch ist ausschließlich durch den Wunsch motiviert, so reich wie möglich zu werden; viele sind überhaupt nicht durch diese geizigen Gelüste beeinflusst. Es ist zwecklos sich auf einen solchen eingebildeten Homunculus zu beziehen, wenn wir uns mit dem Leben und der Geschichte befassen." Mises: *Human Action*, Kap. II.9.

10   Vgl. Steven Pinker: *Der Sprachinstinkt*, München, 1996, 320.

Neugeborenen, die alle leiblichen Bedürfnisse befriedigt bekamen, aber keine menschliche Körperberührung. Sie starben früh. Sensorische Deprivation führt zu Halluzinationen, emotionale Deprivation zu Depressionen. Bindung und Teilhabe am Leben sind soziale Grundbedürfnisse und bilden folglich ebenso Grundlagen egoistischer Handlungsmotive und Ziele wie die physiologischen Bedürfnisse der Nahrungszufuhr, des Schlafs usw.

Wir können folglich annehmen, dass die Bildung und Erhaltung von Bindungsgruppen (= Kleingruppen) ein ererbtes Interesse aller Menschen ist. Die Verhaltensweisen, die Kleingruppen bilden und stabilisieren, sind vielfältig. Wir zitieren einige zur Illustration. Beim Flirten beobachten wir Spiegelungen. Wenn Interesse am anderen besteht, wiederholt der eine die Gesten des anderen (Beine übereinander schlagen, Arme heben usw.). In Gemeinschaft beobachten wir das gesellige Lachen oder ansteckendes Gähnen. Kleingruppen geben sich Symbole, die sie nach außen kenntlich machen: Farben (Sporttrikots, Uniformen), Namen (Familiennamen). Sie praktizieren Rituale (Feiern, Zeremonien). Sie bilden gemeinsame Werte, Tabus, Heiligtümer, geben sich Hierarchien und Herrschaftsstrukturen, Einrichtungen zur Bildung und Erziehung des Nachwuchses, betreiben Totenverehrung und dergleichen mehr. Handlungen, die die Gemeinschaft bestätigen, sind gut, das Gegenteil ist schlecht. Die Lehren, die Gemeinschaften begründen, sind moralischer Natur. Sie bilden Wertesysteme und begründen sich aus der Überlieferung. Religionen sind große moralische Systeme, die umfassende Weltanschauungen einschließen.

Kleingruppen unterdrücken egoistisches Handeln nicht kategorisch. Sie fordern nach innen altruistisches Handeln ein und erwarten, dass der Egoismus sich dem Altruismus unterordnet. Nach außen handeln Gruppen anderen gegenüber aber genuin egoistisch. Das Verhaltensprogramm B bezieht sich nur auf die Nahestehenden. Die Fernstehenden genießen keine Empathie und keine Sympathie. Sie sind Konkurrenten und auf sie wird das Programm A angewandt.

Das Regulativ von Kleingruppen ist das Kriterium des moralisch Guten oder Bösen.

Die offene oder Großgesellschaft

Schon früh in der Menschheitsgeschichte begegneten sich Kleingruppen. In der Regel bedeutete dies Krieg und Raub. Der Aufstieg Roms begann mythologisch mit dem Überfall auf die Sabiner, der Tötung der Männer und dem Raub der Weiber. Es ist ein sehr langer Weg vom räuberischen zum händlerischen Verkehr. Die Wikinger begründeten den Osthandel erst nachdem sie jahrhundertelang raubend die Küsten und Flüsse unsicher gemacht hatten. Zu ihren ersten Handelswaren gehörten kriegsgefangene Sklaven. In der Kleingruppe wird nicht gehandelt, sondern verteilt und zugeteilt. Das Tauschen ist nicht in einzelne selbständige Akte eines *do ut des* zergliedert, sondern in langwierige Geschenkreigen. Wenn Freundinnen sich gegenseitig zum Geburtstag einladen und über ein Jahr verteilt, jeder jedem ein Geschenk macht, wodurch sich ein Ausgleich herstellt, so ist das ein kleingemeinschaftliches Verhalten. Es setzt eine dauernde Bindung voraus. Doch das Handeln unter Fremden erfordert fallweise abgeschlossene Züge und Gegenzüge. Man tritt zueinander, einigt sich über die zu tauschenden

Güter, gibt hin, erhält zurück und trennt sich wieder. Tauschhandel unter Fremden funktioniert ohne Bindung und ohne Gruppenmoral, wenn rechtliche Regeln gelten: Freiwilligkeit, Vertragstreue und Haftung. Getauscht ist getauscht und Verträge sind einzuhalten. Mehr braucht es nicht. Solche rechtlichen Regeln entstehen zunächst als Konventionen, ein Prozess der Jahrhunderte dauern kann. Soll aber Tauschhandel zur Grundlage konstanter gesellschaftlicher Arbeitsteilung werden, so ist ein Rechtssystem erforderlich, dass aggressive Austragen von Konflikten verhindert. Aufgabe des Rechts ist es, den inneren Frieden zu erhalten. Deshalb muss das Recht gegenüber den Moralvorstellungen der Kleingruppen und den Einzelinteressen konsequent neutral sein. Recht wird Unrecht, wenn es moralisch einseitig wird. Denn eine offene Gesellschaft ist im Wesentlichen der Verkehr von Fremden auf der Basis von Tauschhandlungen. Eine Rechtsordnung setzt im Umgang der Kleingruppen miteinander Toleranz durch. Sie zwingt die Kleingruppen und ihre Mitglieder dazu, sich dem Recht und dem richterlichen Urteil zu beugen, auch wenn ihre Moral dem entgegensteht. Die Alternative sind Glaubenskriege, Bürgerkriege oder Dauerkonflikte, die die gesellschaftliche Zusammenarbeit unterhöhlen. Nehmen wir als Beispiel Schwangerschaftsabbrüche nach der Fristenregelung. Eine christliche Moral verbietet Abtreibungen generell; andere Auffassungen gehen vom Selbstbestimmungsrecht der Frau über ihren eigenen Körper aus. Die Fristenregelung führt einen verbindlichen Kompromiss ein, der den Streit beendet und Rechtssicherheit für alle Handelnden schafft. Die Fristenregelung ist gerecht, aber nicht moralisch.

Das Regulativ von Großgruppen ist das Kriterium des Rechts und Unrechts.

Zusammenfassung

Wir können die Unterschiede der bisherigen Abschnitte in einer Tabelle übersichtlich zusammenfassen.

	isoliertes Einzelwesen	handelndes Einzelwesen	Kleingruppe	Großgruppe
Bezug	der eigene Körper	der andere Einzelne	die eigene Gruppe	Fremde
Regulativ	Lust/Unlust	Nutzen/Schaden	Gut/Böse	gerecht / ungerecht
Basis	Selbstwahrnehmung	Zweckrationalität	Ideologie	Rechtsordnung

Unordnungen

Sozialtheorien, die die vier Bezugsebenen nicht klar trennen, erzeugen theoretische Unordnung. Der Sozialismus, stellte Hayek zurecht fest, strebt danach, aus den vorhandenen Großgesellschaften Kleingesellschaften zu machen. Die offene Gesellschaft soll in eine Parteidiktatur verwandelt werden. Der Nationalismus behandelt die Nation so, als wäre sie eine Kleingesellschaft. Er will eine nationale Leitkultur durchsetzen und Immigranten zur Assimilation zwingen. Er betrachtet andere Nationen als Konkurrenten und neigt zur Abgrenzung und Konkurrenz. Der Internationalismus ignoriert die Tatsache, dass sich Rechtsordnungen historisch auf der Grundlage von Nationalstaaten herausgebildet haben und dass deren Aushöhlung zugleich eine Schwächung des Rechtsprinzips zur Folge hat.

Kleingruppen können wie Einzelwesen egoistisch handeln. Glaubensgemeinschaften sind genuin unfriedlich im Verkehr mit anderen. Sie müssen von der Rechtsordnung zur Toleranz gezwungen werden. Alle Sekten funktionieren als Kleingruppen mit ausgeprägten Hierarchien und Abgrenzungen nach außen, Anpassungsdruck nach innen und einer starken Anpassungsresistenz des Ganzen. Dies gilt auch für politische Sekten. Deren Programm erzeugt bewusst oder unbewusst eine Tendenz zur Durchsetzung der eigenen Gruppe gegenüber anderen und tendiert letztlich zur Oligarchie. Ohne Missionseifer sind Sekten zur Wirkungslosigkeit verdammt und verschwinden spontan durch natürliche Fluktuation.

Freiheit

Freiheit setzt voraus, dass Menschen selbst denken und dass sie in einer Rechtsordnung leben. Erst eine Rechtsordnung verschafft dem modernen Menschen den Schutz gegen die Willkür von Einzelnen, gegen aggressive Gruppen und einen despotischen Staat. Wenn Kleingruppen Einzelne auf der Grundlage einer starren Moral einbinden, geht dies zu Lasten der individuellen Autonomie. Es waren seit Alters her die informellen Freundschaftsbünde, die liberale Denker den Parteien und Kirchen vorzogen. Von Epikur und Aristoteles, über Hume und Kant bis zu Mises und Hayek mieden die großen Liberalen eine Unterordnung unter Parteidisziplin und Gruppenzwang. Sie waren häufig sozial sensible Charaktere (Smith vermachte sein kleines Vermögen den Armen) und keinesfalls rücksichtslose Egomanen. Ihr Denken kreiste um die Frage, wie Freiheit in Gemeinschaft möglich ist, wie A und B harmonisch miteinander verbunden werden können.

Vor diesem Hintergrund wird deutlich: Eine „Ethik der Freiheit" ist eine unordentliche Idee. Moral ist keine hinreichende Grundlage für Freiheit. Freiheit braucht zu ihrer Entfaltung eine Rechtsordnung, die sie schützt. Recht wird utilitaristisch begründet, d.h. von der Aufgabe her, den inneren Frieden zu stiften. In einer liberalen Rechtsordnung wird die Ethik, d.h. die Morallehre, der Privatsphäre zugeordnet, damit die individuelle Freiheit aller blühen kann. Morallehren sind Wertsysteme, Werte bleiben aber subjektiv und nicht rational verhandelbar.[11] Rechte sind hingegen universalisierbar, nützlich und können – ja müssen – daher rational verhandelbar sein.

Klassischer Liberalismus – Neoliberalismus – Scheinliberalismus

von Michael von Prollius

Der Liberalismus ist eine Lehre über den Zusammenhang gesellschaftlicher Dinge. Ziel des Liberalismus ist die Vermehrung der Handlungsmöglichkeiten der Menschen. Gegenstand ist eine realistische Darstellung und Erklärung menschlichen Zusammenlebens. Auch wenn der Liberalismus eine Soziallehre ist, die alle Facetten des menschlichen Lebens umfasst, ist das

---

11   „Es gibt keinen Maßstab für größere oder geringere Zufriedenheit als individuelle Werturteile, die sich von denen anderer Menschen unterscheiden oder bei denselben Menschen zu verschiedenen Zeiten unterscheiden. Was einen Menschen Unzufriedenheit und weniger Unzufriedenheit spüren lasst, wird von ihm nach dem Maßstab seines Wollens und Wertens, von seiner persönlichen und subjektiven Bewertung aus festgestellt. Niemand ist in der Lage zu befehlen, was einen Mitmenschen glücklicher machen sollte." Mises: *Human Action*, I.2 (Über das Glück).

liberale Menschenbild nicht zuletzt politisch konnotiert – der Liberalismus ist besonders achtsam im Hinblick auf politische, privilegienbedingte Macht – und begreift das Individuum als Bürger. Das ist jedoch keinesfalls eine Verengung des Menschenbildes auf ein nur politisches Wesen; vielmehr umfasst der Begriff des Bürgers die ganze Bandbreite eines jeden Teilnehmers am öffentlichen und privaten Leben, der durch eigenständiges, selbstverantwortliches Handeln zur Gestaltung seines Daseins beiträgt. Öffentliches Leben bezeichnet die Sphäre der *res publica.*

Die *res publica* stellt ein zentrales Element der bürgerlichen Gesellschaft dar. Es gibt zu ihr weder eine Individual- noch eine Gruppen-Alternative. Und die *res publica* ist nicht ohne Staat denkbar. Mit Cicero gilt: *„Der Staat ist also die Sache des Volkes; das Volk aber ist nicht jede Vereinigung von Menschen, welche auf irgendeine Weise geschlossen wurde, sondern es ist diejenige Vereinigung einer Menschenmenge, welche basierend auf ihrer Übereinstimmung in den Rechtsvorstellungen und auf ihrer Gemeinsamkeit des Vereinigungsnutzens zusammengeschlossen wurde."*

In der *res publica* sind alle rechtlichen, politischen, wirtschaftlichen und kulturellen Vorgänge zu verorten, die die Gemeinschaft betreffen. Das schließt Krieg und Frieden, innere Sicherheit und die Fortentwicklung des Rechts, aber auch die Diskussion über bestimmte Projekte ein, etwa den Bau eines Flughafens oder Bahnhofs. Dort ist auch der Raum für die sogenannte öffentliche Meinung. Die gemeinsamen Vorgänge können nur gemeinsam gelöst werden, was zu einem politischen Verfahren, zur Politik führt. Politik bedeutet – nachdem das sachlich Notwendige prinzipientreu und rechtmäßig getan wurde – auch Kompromisse zu schließen, um widerstreitende Interessen stehen lassen zu können oder zu versöhnen.

Aus der Aufklärung insbesondere in England und Holland seit dem 17. Jahrhundert erwachsen, erlebte der Liberalismus bekanntlich eine gesellschaftliche Blütezeit im langen 19. Jahrhundert von 1789, insbesondere aber nach den napoleonischen Kriegen von 1815 bis 1914. Die Freiheit des Einzelnen, jedes einzelnen Menschen, steht bekanntlich im Mittelpunkt der liberalen Lehre. Sie ist Dreh- und Angelpunkt der privaten und staatlichen Ordnung, die durch Frieden, unbeschränkte Kooperation, Gleichheit unter dem Recht und Selbstverantwortung gekennzeichnet ist. Jeder Mensch soll so leben wie er möchte, allein und verbunden in Gemeinschaft mit anderen, beschränkt durch die Freiheit des anderen. Selbstverwirklichung und Selbstentfaltung sind essentielle liberale Grundsätze. Freiheit ist dafür die erste und unerlässliche Bedingung. Freiheit ist unteilbar und erstreckt sich auf alle Lebensbereiche: Meinungs-, Glaubens- und Redefreiheit gehören genauso dazu wie Vertrags- und Kooperationsfreiheit.

Klassischer Liberalismus

Der klassische Liberalismus entwickelte sich geistig als Befreiung des Menschen aus seiner weltlichen und religiös selbstverschuldeten Unvernunft – als Hinwendung zur Vernunft und Abwendung vom Metaphysischen, und damit praktisch als Hinwendung zum Menschen als handelndes Wesen, das für seine Geschicke selbst verantwortlich ist. Die Protagonisten des klassischen Liberalismus, unter ihnen Locke, Hume, Smith, Kant, Humboldt, Bastiat und Mises, haben eine zeitlos tragfähige Lehre von Individuum, Staat und Gesellschaft entwickelt mit dem handelnden Menschen und einer spontanen Ordnung im Mittelpunkt. Die Sicherung der Freiheit des Einen und der – zuweilen konkurrierenden – Freiheit des Anderen unter allgemeinen Rechtsgesetzen ist eine zeitlose klassisch liberale Errungenschaft. Dazu gehören vor allem der Schutz von Leib, Leben und Eigentum aller durch einen unparteiischen Gewaltmonopolisten – den Staat – im Rahmen einer liberalen Verfassung. Privateigentum und Vertragsfreiheit sind elementare, durch das Recht gesicherte Grundsätze menschlichen Zusammenlebens. Der liberale Verfassungsstaat ist der gleichermaßen zeitgenössische wie zeitlose Gegenentwurf zum autoritären Machtstaat. Ein realistisches Verständnis der Ökonomie mit einem sich auf das Rahmensetzen beschränkenden Staat ist eine die Welt bewegende weitere klassisch liberale Erkenntnis. Die Absage an eine Geschichtsphilosophie (als einer metaphysischen Steuerung menschlicher Schicksale) und die Entwicklung einer Philosophie der Geschichte lässt sich zusätzlich als Errungenschaft anführen. Legitime Aufgabe des Staates ist es nach klassisch liberalem Verständnis, das Recht der Freiheit zu schützen und durchzusetzen. Das Recht der Freiheit dient der Gewährleistung von Sicherheit. Alles Handeln, das dem dient, ist legitim; illegitim sind hingegen alle Eingriffe in das berechtigte freie Handeln eines jeden Bürgers. Zwang ist nur dann legitim, wenn er illegitimes Handeln (Unrecht) abwehrt. Jeder weitergehende Zwang ist selbst Unrecht.

Der klassische Liberalismus ist in einer Zeit entstanden, die durch Absolutismus und Merkantilismus als vorausgehende Herrschaftsideologien und -praktiken sowie Nationalismus und Sozialismus als nachfolgende Determinanten umrahmt wird. Folglich stellt der Liberalismus eine Ausnahmephase inmitten etatistischer, kollektivistischer und metaphysischer Ideen dar, die die Herrschaft weniger über viele legitimieren sollten.

Neoliberalismus

Der Neoliberalismus ist eine Reaktion auf überbordende Kollektivismen und den Untergang der alten, noch liberal geprägten guten Welt von gestern. Inmitten einer Umbruchphase der westlichen Welt setzten sich seine maßgeblichen Vertreter gegen Nationalismus, Protektionismus, die Usurpation des Staates durch Interessengruppen und einen aufkommen Totalitarismus ein. Sie suchten die liberalen Ideen des klassischen Liberalismus in abgemilderter Form vorwiegend wirtschaftlich, teilweise auch politisch, zu revitalisieren. Der klassische Liberalismus erschien vielen Neoliberalen als deistisch, als zu prinzipientreu und gutgläubig. Seinem Wesen nach war der Neoliberalismus vor allem eine politische und insbesondere wirtschaftspolitische Strömung. – Angemerkt sei, dass die Österreichische Schule mit vor allem Menger, Böhm-Bawerk und Mises, eine primär ökonomische Brücke zum klassischen Liberalismus schlug, dem sie zuzurechnen ist. – Die Neoliberalen, vielfach inspiriert durch die Österreichische Schule, reagierten auf die von ihnen perzipierte Unzulänglichkeit des klassischen Liberalismus, tatsächlich aber eher auf die (wirtschafts-)politische Praxis mit wirtschaftlicher Konzentration zum Ende des 19. Jahrhunderts, dem schwachen Staat der Nachkriegs- und in Deutschland der Weimarer Zeit sowie die Weltwirtschaftskrise. Nach den Vorstellungen der Neo- und der Ordoliberalen der Freiburger Schule sollte ein starker Staat, der über den Interessen steht, mittels Expertenwissen marktkonform in die Wirtschaft eingreifen. Ziel war einerseits die Begrenzung und

Zerschlagung wirtschaftlicher Machtballung andererseits die Gestaltung von Wirtschaft und Gesellschaft in einer gleichsam, die freiheitliche, marktliche Entwicklung vorwegnehmenden Art und Weise. Der Neoliberalimus war nicht zuletzt ein Aktionsprogramm. Seine Gründer fanden sich vor und nach dem Zweiten Weltkrieg in Paris und in der Schweiz zusammen, um Politik und Gesellschaft zu verändern.

Zu den Neoliberalen werden auch späte klassische Liberale wie Mises und Hayek gezählt, insbesondere aber Sozialliberale und Sozialhumanisten wie Rüstow, Röpke und später Dahrendorf. Der Neoliberalismus war vor allem eine europäische Strömung (Einaudi, Rueff, Leoni), die ihre internationale gesellschaftliche Organisationsform in der Mont Pelerin Society fand.

Mit Röpke, der später seine Formulierung bedauern sollte, war ein Dritter Weg zwischen klassischem Liberalismus und Sozialismus ein wesentliches Ziel des Neoliberalismus. Auf wirtschaftlichem Gebiet war die Soziale Marktwirtschaft Ausdruck dieses Marktetatismus. Die von Müller-Armack postulierte zweite Phase der Sozialen Marktwirtschaft verdeutlicht die umfangreiche Steuerungszuständigkeit, die dem Staat in gesellschaftlichen, umweltpolitischen und infrastrukturellen Belangen zugemessen wurde. Die schiefe, rutschige Ebene des Neoliberalismus – weg vom Kosmos als spontaner, hin zur Taxis als dirigierter Ordnung – tritt hier markant hervor. Klassisch liberal konnotierte Korrekturen erfuhren die nunmehr primär unter dem Rubrum „wirtschaftsliberal" firmierenden Positionen öffentlichkeitswirksam durch die vielleicht letzten großen Liberalen Hayek und Friedman, die in den USA zudem konstitutionalistisch durch Buchanan und aktuell Epstein fortgeführt werden. Für sozialliberale Aufweichungen sorgten Rawls und Sen.

Scheinliberalismus

Scheinliberale stellen eine große Gefahr für die Freiheit dar. Der Scheinliberalismus wird vor allem durch vermeintliche Liberale vertreten, die die Lehre über den Zusammenhang gesellschaftlicher Dinge und die Vermehrung der Handlungsmöglichkeiten der Menschen nur halbherzig vertreten. Mit Scheinliberalen verhält es sich wie mit Herrn Tur Tur, dem Scheinriesen aus dem Märchen „Jim Knopf und Lukas der Lokomotivführer". Herr Tur Tur wirkt aus der Ferne wie ein Riese. Je mehr man sich ihm nähert, desto stärker schrumpft er auf seine tatsächliche, recht durchschnittliche Größe zusammen. Scheinliberale klingen so, als würden sie freiheitliche Positionen vertreten. Sobald man allerdings ihre Aussagen hinterfragt und überprüft, fallen mangelnde Prinzipientreue und Konsequenz auf. Scheinliberale sind (tages)politisch, von der öffentlichen Meinung beeinflusst. Als Denker und Handelnde lassen sie sich insofern bedauern als sie persönlich regelmäßig unfrei sind - ihre wirtschaftliche und soziale Position sowie ihre öffentliche Wirkung beeinflussen ihre Weltanschauung substanziell. Liberalismus ist für sie nicht zuletzt ein Geschäft, von dem sie leben. In der bundesdeutschen Politik und Publizistik sind viele Scheinliberale präsent. Die Gefahren, die von einem scheinheiligen Liberalismus ausgehen, werden heute drastisch unterschätzt. Zwei Entwicklungen sind besonders bedrohlich: Erstens verwechseln Menschen wahre liberale Positionen mit dem interventionistischen Gemurkse, das ihnen tagtäglich medial aufgetischt wird. Zweitens werden die unter einem liberalen Deckmantel praktizierten interventionistischen und Sonderinteressen begünstigenden Praktiken dem Liberalismus zur Last gelegt. Die aktuelle Weltwirtschafts- und Schuldenkrise: Folge einer Liberalisierung der Finanzmärkte und gieriger Kapitalisten? Leidenschaftlich für den Liberalismus streitende Wortführer und Autoren, die auch in Nicht-Mainstream-Medien ihre Gedanken ausbreiten: unterwandert von rechts? Scheinliberale, die zuweilen auch als Lifestyle-Liberale auf „Events" publikumswirksam auftreten oder sich mit dem Attribut „liberal" schmücken, treten für das politische Mögliche statt das sachlich Notwendige ein und werfen klassischen Liberalen vor, sie seien wirklichkeitsfremd, dogmatisch oder würden Utopien vertreten. Zugleich unterstützen sie die Öffnung des Liberalismus für progressive Utopien wie „soziale Gerechtigkeit" und kokettieren mit „linken" Positionen, die heute für Privilegien und Strukturkonservativismus stehen. Offenkundig ist es wichtig, Scheinliberale als das zu entlarven, was sie sind: eine Gefahr für die Freiheit.

Es gibt indes noch eine weitere Gruppe von Scheinliberalen: die Anarchokapitalisten. Sie betonen einerseits die Unterschiede zu den liberalen Etatisten, weil sie den Staat abschaffen und die auf Recht und Demokratien beruhende pluralistische Gesellschaft abschaffen wollen. Andererseits betonen sie die Nähe, zuweilen weitreichenden Identität der Ziele von Liberalen und Anarchokapitalisten. Beide strebten nach mehr Freiheit und weniger Staat. Tatsächlich vertreten Anarchokapitalisten nur dem Anschein nach liberale Ziele wie in diesem Buch aufgezeigt wird. Das liegt nicht zuletzt an einem mit dem Liberalismus unvereinbaren ideologischen Fundament.

Sicherheit durch Gewaltmonopol oder Gewaltwettbewerb?

von Michael von Prollius

1849 erschien im Journal des Économiste ein epochaler Aufsatz: „De la production de la sécurité", verfasst vom belgischen Ökonom Gustave de Molinari (1819-1912). Die Kernaussage lässt sich mit einem Ein-Satz-Zitat wiedergeben: *„Das Interesse des Konsumenten eines jedweden Gutes muss immer Vorrang gegenüber dem Interesse des Produzenten genießen."* Ein einziges Wort macht den Unterschied: *jedweden.* In seinem überaus anregenden Aufsatz versucht der relativ junge Molinari nämlich zu belegen, dass Sicherheit nicht von dem herkömmlichen Monopolisten, also dem Staat, gewährleistet werden soll, sondern im Wettbewerb auf dem Markt. Im Rückblick war mit diesem Gedanken der Anarchokapitalismus geboren.

Gut 50 Jahre zuvor hatte der englische Gelehrte William Godwin in seinem Hauptwerk „Enquiry concerning political justice" die zentralen Elemente der anarchistischen Theorie formuliert. Jedwede staatliche Gewalt stelle einen Eingriff in die private Urteilskraft dar, schrieb Godwin 1793. Parallel zum klassischen Liberalismus entwickelte sich der Anarchismus – und für Molinari war das die konsequente Weiterentwicklung des Liberalismus selbst.

Dreh- und Angelpunkt des Anarchokapitalismus ist die Abschaffung des Staates, dessen Aufgaben private Anbieter übernehmen sollen. Ganz dem Wesen der Marktwirtschaft entsprechend würden die Konsumenten die Produktion steuern – im Unterschied zur Staatswirtschaft und staatlich dirigierten Wirtschaft. Die naheliegende Frage lautet: Warum nicht auch das Gut Sicherheit durch private Sicherheitsproduzenten bereitstellen lassen? Gerade weil den Menschen Sicherheit so sehr am Herzen liegt, sollte der Gewaltwettbewerb an die Stelle des Gewaltmonopols treten.

Molinari schlussfolgerte, keine Regierung dürfe eine andere Regierung daran hindern, mit ihr in Konkurrenz um die Nachfrage der Konsumenten nach Sicherheit zu treten. Zudem stellte er fest, dass die bisherige Produktion von Sicherheit fast durchweg einen Monopolcharakter besessen habe. Ursächlich sei die Erkenntnis, dass das Einbeziehen von unfreiwilligen Konsumenten eine erhebliche Gewinnsteigerung ermögliche. Das hatte die bekannten Folge: Kriege zwischen den Sicherheitsanbietern. Stets war das Ziel, territoriale Sicherheitsmonopole zu errichten und so die Ausbeute zu erhöhen.

Und genau an diesem faszinierendem Punkt, an dem die Alternative gerade zum Greifen nah scheint, an dem Molinari seine Idee des Gewaltwettbewerbs präsentiert, rückt sie offenkundig in unerreichbare Ferne. Es hat in der Geschichte der Menschheit keinen (dauerhaften) Gewaltwettbewerb gegeben. Dort, wo es Gewaltwettbewerb gegeben hat und gibt, wird der territoriale Monopolist ausgekämpft. Der Sieger wird nicht nach den Kriterien Effizienz und Nachfrageausrichtung gekürt. Es gilt einfach: The winner takes it all. Und es ist nicht absehbar, warum oder wie sich daran etwas ändern könnte.

Die Begründung dafür ist logischer und empirischer Natur: Aus machtpolitischen Gründen kann Sicherheit keine rein private Dienstleistung sein: Der Einsatz von Zwang als Dienstleistung setzt Anreize, diese nicht nur für die Kunden zu nutzen, sondern zur Gewinnmaximierung und Ausschaltung von Wettbewerbern. Genau so hat es Molinari beschrieben. Sogar in einer staatenlosen Welt würde sich mit Robert Nozick (Anarchy, State, and Utopia) ein natürliches Monopol bilden, während es Tyler Cowen zufolge zu einer Kartellierung käme.[12] Eine prägnante Formel hat dafür Randall G. Holcomb geprägt: „The State is unnecassary, but inevetable".[13] Und es liegt nahe, dass die Herrschaft von Menschen über Menschen nicht nur einseitig von oben erfolgte, sondern von unten akzeptiert und sogar nachgefragt wurde. Sicherheit ist ein janusköpfiges Gut: Sicherheit herrscht nicht zuletzt, sondern zuerst, wenn nicht um sie gekämpft werden muss. Ist das Monopol erreicht, kann es zum Missbrauch einladen.

Umso wichtiger ist es, dass es den Wettbewerb der Territorien gibt, den Molinari fordert. Wir leben in einer Welt von Staaten. Und wenn diese im Wettbewerb mit einander stehen, dann gibt es einen gewissen Druck, bessere Sicherheit zu gewährleisten. Zusätzlicher Druck durch zumindest partiellen Wettbewerb, ohne das Gewaltmonopol insgesamt in Frage zu stellen, dürfte sich als hilfreich erweisen. Und das ist angesichts der wachsenden Sicherheitsbranche längst der Fall. Ohnehin gibt es heute eine Fülle von Checks und Balances, die der Kontrolle und Einhegung staatlicher Macht dienen. Sie zu

---

12 Rejoinder to David Friedman on the Economics of Anarchy, in: *Economics and Philosophy 10* (1994), No. 2 (October), 329–32.
13 in: *The Independent Review, 8* (2004), 325–342.

verbessern und den Staat zurückzudrängen ist eine zentrale Herausforderung unserer Zeit und wäre vielleicht sogar die Voraussetzung für ein erstes anarchokapitalistisches Experiment.

Die Sicherung der Freiheit und die Verbesserung der Lebensbedingungen ist das Ziel des Liberalismus, nicht die Abschaffung des Staates. Der Staat ist eine Vereinigung von Bürgern unter Rechtsgesetzen, durch die die gleiche Freiheit für alle hergestellt und gesichert wird.

Ein Dank gebührt Freitum, namentlich Tomasz Froelich, der die weitreichenden Gedanken Gustave de Moliaris zur Produktion von Sicherheit in ansprechender Buchform verfügbar gemacht hat.[14]

Anarchokapitalismus, der Gott, der keiner ist.
Über Gustave de Molinaris Produktion der Sicherheit

von Michael von Prollius

Gustave de Molinari gilt mit seiner epochalen Schrift „Produktion der Sicherheit"[15] als einer der Begründer des Anarchokapitalismus. Genauer betrachtet handelt es sich um ein Gründungsdokument, das zunächst weitgehend folgenlos blieb, also weder schulbildend wirkte noch Mitstreiter zur Vertiefung seiner Thesen bewegte. Erst im 20. Jahrhundert wurde insbe-

---

14 Gustave de Molinari: Produktion der Sicherheit, aus dem Französischen von Jörg Guido Hülsmann und Reinhard Stiebler, hg. v. Tomasz M. Froelich, edition freitum # 1, Leipzig 2015, 56 S., 4,49 Euro.
15 Dem nachfolgenden Text liegt die aktuelle Ausgabe von Tomasz M. Froelich in der Edition Freitum zugrunde.

sondere durch Murray N. Rothbard und seine Anhänger, darunter auch der Historiker Ralph Raico, der belgische Ökonom und Publizist wieder entdeckt. Ihm wird zugute gehalten, den klassisch liberalen Ansatz konsequent weitergedacht zu haben. Aus klassisch liberaler Perspektive lässt sich das bestreiten; weitreichende Skepsis habe ich bereits in dem vorstehenden Beitrag „Sicherheit durch Gewaltmonopol oder Gewaltwettbewerb?" zum Ausdruck gebracht. Tatsächlich ist es angebracht, weit über diese Skepsis hinaus zugehen, weil de Molinaris Text sehr simpel gestrickt ist und eine Fülle logischer Fehler enthält.

Die Auseinandersetzung mit seiner Schrift erscheint geeignet, Grundsätzliches zu einer Säule – und zu einem Säulenheiligen – des Anarchokapitalismus zu sagen. Ich werde das nachfolgend thesenhaft tun, zumal ich angesichts einer (erneuten) kritischen Durchsicht und Diskussion des Traktats überrascht bin, dass diese Säule lediglich aus Pappmaché besteht.[16]

Die Verdienste de Molinaris um den klassischen Liberalismus im französischsprachigen Raum sollten deshalb nicht gering geschätzt werden. Sein Einsatz für Freihandel, Frieden sowie gegen Sklaverei und Etatismus, aber auch seine auf politische Ökonomie gestützte Argumentation bleiben unberührt. Allerdings sind Zweifel an Ralph Raicos Einschätzung angebracht, dass de Molinari zu den besten liberalen Denkern des 19. Jahrhunderts zählt.

Gustave de Molinari schlägt bekanntlich vor, Sicherheit durch private Unternehmen auf Wettbewerbsmärkten produ-

16   Für Argumente und Anregungen, die im Rahmen des Philosophisches Gesprächskreises am Schlachtensee über de Molinaris Traktat geäußert wurden, danke ich Dr. Philipp Graf Batthyány, Dr. Uwe Janensch und Dr. Martin Wolff, darüber hinaus Helmut Krebs.

zieren zu lassen. Dies sei effizienter und gerechter, zudem ungefährlicher. Niedrigere Preise und höhere Effizienz gingen Hand in Hand. Die Diffusion des Staates in der Gesellschaft ist gleichsam sein letztes Ziel. Ausgangspunkt ist die Feststellung, dass jedwedes Gut auf einem Markt zu erbringen sei und die Interessen der Konsumenten stets Vorrang vor denen der Produzenten hätten. Folglich sei die Produktion von Sicherheit dem Wettbewerb zu unterwerfen.

Zeitgenössischer Kontext

Versetzen wir uns in die Zeit, in der de Molinari eine Schrift verfasste, also in die 1840er Jahre. Der Anfang 1849 im Journale des Économistes erschienene Text wurde in einer Hochphase des bürgerlich-liberalen Zeitalters verfasst. Die deutsche Freiheitsrevolution erstreckte sich vom März 1848 bis zum Spätsommer 1849. In Frankreich beendete bereits im Februar 1848 die gleichnamige Revolution die Herrschaft des Bürgerkönigs Louis-Philippe von Orleans; es folgte die zweite – restaurative – französische Republik.

Politisch bedeutsam waren neben dem Liberalismus zumindest zwei weitere, neuere Strömungen, deren Wurzeln sich bis in die Antike zurückverfolgen lassen. Die Rede ist vom aufkommenden Sozialismus. Dazu zählten die Saint-Simonisten, in der Nachfolge ihres 1825 gestorbenen Namensgebers, und Karl Marx, der in der Zeit zwischen 1843 und 1849 den Übergang zum Kommunismus vollzog. Zugleich entwickelte sich der Anarchismus seit der Französischen Revolution. William Godwin hatte 1793 mit „Enquiry concerning political justice" ein Grundlagenwerk verfasst, Proudhorn stellte 1840 die Frage „Was ist Eigentum?" und unternahm Untersuchungen zu den

Grundlagen des Rechts und der Herrschaft. Die Schnittstellen zwischen Sozialismus und Anarchismus waren vielfältig. Die Frontstellung der Zeit verlief zwischen dem überkommenen Gottesgnadentum der Herrscher und dem aufkommenden Kommunismus/ Sozialismus der Massen.

In der Nationalökonomie dominierte die Klassik, wenn es auch Konflikte in ihrem Lager gab, etwa die Bullionistenkontroverse über die richtige Geldordnung, die in den späten 1820er Jahren an Intensität verlor, aber erst mit der Peel'schen Akte (1844) zu einem faktischen, zwischenzeitlichen Abschluss kam. In der Sozialtheorie und -philosophie ragte John Stuart Mill heraus, nachdem die Granden gestorben waren, allen voran Adam Smith und David Ricardo, aber auch Jean Baptiste Say. Die Arbeitswertlehre dominierte, triologisch propagiert von Smith, Ricardo und Marx. Über die Rolle des Staates wurde gestritten, seit der Hobbes-Locke-Kontroverse, verstärkt durch Thomas Paine, der 1776 den Staat als „neccessary evil" bezeichnete, also gerade noch als notwendig, auf jeden Fall als schlecht erachtete. Die bürgerliche Freiheitsrevolution von 1848/49 stellt den gesellschaftspolitischen Höhepunkt der Auseinandersetzungen dar.

In der friedlichen Zeit der 1840er Jahre formulierte Gustave de Molinari seine radikale antietatistische Position, die neben „Über die Produktion von Sicherheit" auch in seiner zeitgenössischen Schrift „Les Soirées de la rue Saint-Lazare" (1849) im Gespräch zwischen einem Konservativen, einem Sozialisten und einem (liberalen) Ökonomen thematisiert wird.

Allgemeine Kritik – im Überschwang

Die zuvor zwar skizzenhaft, aber doch vergleichsweise umfänglichen Bemerkungen zur Lage der Zeit sind meines Erachtens geboten, weil de Molinaris Schrift in einer außerordentlich friedlichen und relativ wohlhabenden Zeit verfasst wurden. Das ist bemerkenswert, denn es ist wenig wahrscheinlich, dass der Begründer des Anarchokapitalismus sein Plädoyer für eine Privatisierung des staatlichen Gewaltmonopols während der vorangegangenen Napoleonischen Befreiungskriege oder während des nachfolgenden deutsch-französischen Kriegs geschrieben hätte, einmal angenommen ersteres wäre ihm vom Alter her möglich gewesen. Seit 1815 herrschte in Europa eine seltene Friedenszeit. Daher lautet meine erste These:

1. Gustave de Molinari hat seine Schrift über die Privatisierung des Gewaltmonopols in einer sehr sicheren Zeit verfasst, die durch Frieden und Wohlstand geprägt war, und dadurch eine wichtige Voraussetzung für seine Überlegungen darstellt. Das ist bei den modernen Adepten des Anarchokapitalismus erneut der Fall.

Die Arbeiten des studierten Mediziners wurden von herausragenden Zeitgenossen diskutiert, darunter Liberale wie Lord Acton, Kommunisten wie Karl Marx, Ökonomen wie Thorstein Veblen, Vilfried Pareto und dem ersten Friedensnobelpreisträger Frédéric Passy. Indes scheint sein anarchokapitalistisches Pamphlet letztlich ohne Relevanz geblieben zu sein, trotz einer Diskussion in liberalen Kreisen zur Zeit der Publikation im Journal des Économistes und Einflüssen auf Anarchisten des 19. Jahrhunderts wie Lysander Spooner, Benjamin Tucker und John Henry Mackay.

De Molinary kommt der Verdienst zu, wenn es einer ist, als erster die Privatisierung von Sicherheit formuliert zu haben. Wie so oft in der Ideengeschichte ist er indes nicht der erste, der sich für die Abschaffung des Staates einsetzte, vielmehr griff er eine zeitgenössische Strömung auf, wie sie etwa die extrem staatsskeptischen Gründerväter der USA vertraten oder aber sie mit anderen Schlussfolgerungen bereits von Rousseau in seinem Diskurs über die Ursachen von Ungleichheit thematisiert worden war. Das Flirten mit dem Anarchismus war geradezu en vogue, ob in den USA, England oder Frankreich. Daher lautet meine zweite These:

2. Gustave de Molinari hat vorhandene Ideen verschiedener zeitgenössischer Strömungen aufgegriffen und sowohl szientistisch als auch ökonomistisch und a-historisch zugespitzt, indem er die Hypothese formulierte, Sicherheit könne auf Märkten produziert werden. Ich werde später die drei Vorwürfe ausführen.

Über die Gründe seines Vorgehens lässt sich spekulieren. Zu Beginn seiner Arbeit 1845 war de Molinari erst 26 Jahre alt, zum Zeitpunkt der Publikation lediglich 30 Jahre, und als er letztmalig in dieser Richtung argumentierte, Mitte der 1860er Jahre, war er Mitte 40. Bemerkenswerterweise widerrief er 1899 seine anarchokapitalistische Position, als er die Existenz natürlicher Monopole eingestand. Das führt mich zu meiner dritten These:

3. Gustave de Molinari formulierte seine anarchokapitalistischen Thesen im jugendlichen Überschwang unter unzureichendem Wissen über die Funktionsweise von Politik, Wirtschaft und Gesellschaft.

Positiv zugute halten lässt sich de Molinaris Ansinnen, Macht nicht anderen Menschen zu übertragen, sondern andere Institutionen zu entwickeln, um dem Machtmissbrauch zu begegnen und vorzubeugen. Der Wettbewerb ist dafür ein naheliegender Mechanismus. Gleichwohl beschrieb de Molinari mehr einen Status quo seiner Überlegungen als auch nur eine ansatzweise tragfähige Alternative zu entwickeln. Das führt mich zur vierten These:

4. Gustave de Molinari hat in seiner Schrift „Über die Produktion von Sicherheit" weder eine konsistente noch eine tragfähige Alternative zum Gewaltmonopol formuliert, sondern lediglich Behauptungen in den Raum gestellt.

Das erklärt auch warum sein Vorschlag zwar chronologisch am Beginn des Anarchokapitalismus steht, aber keinen namhaften zeitgenössischen Wissenschaftler überzeugen konnte. Zudem sagt der Text viel über den Gehalt des Anarchokapitalismus aus.

Textkritik – haltlose Aussagen

Die Probleme seiner Schrift sind vielfältig und lassen sich nicht mit dem berechtigten Hinweis relativieren, de Molinari habe immerhin als erster, wenn auch auf rudimentäre Weise, die ökonomischen Mechanismen für eine staatsfreie Produktion von Sicherheit identifiziert und beschrieben. Was Gustave de Molinari vorgelegt hat, ist meines Erachtens bemerkenswert schlecht fundiert und die zentralen Aussagen sind haltlos. Das führt mich zu einer Reihe von Thesen, die sich auf den Text im engeren Sinne beziehen:

5. Gustave de Molinari unterlaufen eine Reihe radikaler Logikfehler. Den Text durchziehen unbegründete Behauptungen, die als wahre Aussagen erscheinen – das geschieht nach dem Muster: „a) Du weißt nicht wer der verhüllte Mensch ist. b) Er ist Dein Vater. → c) Du kennst Deinen Vater nicht." Zudem sind die verwendeten Begriffe unscharf und widersprüchlich, den Produktionsbegriff verwendet er auf mindestens fünffache, unterschiedliche Weise: als Herstellung eines immateriellen Gutes (S. 17), als Herrschaftsmittel (S. 24), als Unternehmens- und Staatsbegriff (S. 25 Sicherheitsproduzenten), als Privileg (S. 26), das zudem alle anderen Monopole begründe, als Gut auf Wettbewerbsmärkten (S. 30). Auch der Sicherheitsbegriff bleibt völlig beliebig, scheint sich aber maßgeblich auf die Abwesenheit von Krieg sowie den Schutz des Besitzes der eigenen Person (sic! S. 16) und von Eigentum zu beziehen. Bemerkenswerterweise richtet sich de Molinari in seiner Forderung, Sicherheit zu privatisieren, diametral gegen die Forderung von Hobbes, Sicherheit zu verstaatlichen, obwohl er auf gleiche Weise argumentiert: In einer Welt voller Wölfe seien Regierungen geschaffen worden, um Frieden zu sichern und Eigentum zu schützen; allerdings hätten die Menschen daran gar kein Interesse, da diese zu teuer und Ursache von Krieg und Raub seien.

Die radikalen Logikfehler im Text sind Legion. Sie unterlaufen de Molinari zudem an zentralen Stellen. Vielfach handelt es sich um einen ungültigen Syllogismus, d.h. zwei Sätze werden zu einer falschen Schlussfolgerung verbunden, weil verschiedene Begriffe verwendet werden und zwischen den beiden Sätzen kein Folgerungszusammenhang besteht. Der klassische Fehlschluss oder Paralogismus bildet also das Gerüst der Argumentation der *Produktion von Sicherheit.*

Ich greife nachfolgend einige Beispiele für die von de Molinari verwendete Scheinkorrelation auf, also die Folgerung aus irrelevanten Bezugsgrößen, in der eine Korrelation zur Kausalrelation wird:

a) Konsumenten haben bei Gütern, die ihre Bedürfnisse befriedigen, immer ein Interesse an freier Arbeit und freiem Tausch, weil die Preise sinken. b) Das Interesse der Konsumenten muss immer Vorrang vor dem der Produzenten haben. Aus a) und b) folgt c) Die Produktion von Sicherheit muss aus Konsumenteninteresse auf Wettbewerbsmärkten erfolgen. (S. 16 f.) Das ähnelt dem klassischen Fehlschluss: Je mehr Gutes man tut, desto besser ist es. Die Arznei einzunehmen, tut dem Kranken gut. Je mehr Arznei man einnimmt, desto besser ist es.

Und als doppelter Fehlschluss:

a) Ökonomische Gesetze sind Naturgesetze, ausnahmslos. Daraus folgt b) Die Produktion von Sicherheit darf dem Wettbewerb nicht entzogen werden. Die diesen Zusammenhang bestätigende Begründung lautet c): Diese Argumentation ist logisch und wahr oder die Wirtschaftswissenschaft hat keine Grundsätze. (S. 23f.)

Schließlich als unzulässige Erweiterung und Einschränkung des Bezugs:

a) Die kommunistische Produktion ist der freien Produktion überlegen, oder sie ist es nicht. b) Wenn diese Überlegenheit besteht, dann für alle Dinge, nicht nur für Sicherheit. c) Wenn diese Überlegenheit nicht besteht, dann muss um des Fortschrittswillens die gesamte Produktion frei erfolgen.

d) Es gibt nur die Alternative Kommunismus oder Freiheit. (S. 29f.)

Ökonomistische Fehlschlüsse

Offenkundig enthalten die zuvor thematisierten logischen Fehlschlüsse von Gustave de Molinari eine Reihe weiterer Unzulänglichkeiten. Dazu zählt auch die Übertragung respektive Verwendung von angenommenen Naturgesetzen als (unbewiesene) Wahrheiten. Selbst Anhänger de Molinaris kritisieren seinen Mix aus konsequentialistischen und deontologischen Argumenten, ohne dass er diese in einer nachvollziehbaren Weise in Verbindung gesetzt habe.[17]

Jenseits der Methodik möchte ich die Aufmerksamkeit auf einen grundlegenden Irrtum lenken, der den Anarchokapitalismus an sich betrifft und bei de Molinari eine zentrale Rolle spielt: Es handelt sich um die Fiktion einer nicht durch das Recht zusammen gehaltenen Gesellschaft, sondern einer durch individuelle Verträge strukturierten Anarchie, die in ihrer alles überragenden Konzentration auf das Wirtschaftliche (vorrangig Arbeitsteilung und Tausch unter dem Leitgedanken der Effizienz) als Kapitalismus bezeichnet wird. Damit ist eine weitere These angedeutet:

---

17   Siehe die Liberty Fund Conference anlässlich des 100. Todestages von Gustave de Molinari im September 2012 dokumentiert unter dem Einführungsbeitrag von Roderick T. Long: Gustave de Molinari's Legacy for Liberty", gepostet am 1. May 2013 (http://oll.libertyfund.org/pages/roderick-long-gustave-de-molinari-s-legacyfor-liberty-may-2013).

6. Gustav de Molinaris Argumentation krankt an einem Ökonomismus und damit an einem Kategorienfehler. Im Einzelnen:

Sicherheit wird nicht produziert. Sicherheit bezeichnet einen Zustand, den Menschen als gefahrenfrei erachten; dieser Zustand speist sich aus verschiedenen Quellen. Sicherheit herrscht nicht durch Abwesenheit eines Gewaltmonopols. Vielmehr herrscht Sicherheit durch Abwesenheit von Gewalt im öffentlichen Raum. Sicherheit ist zudem viel mehr als eine Dienstleistung, nämlich ein Gefühl und eine Wahrnehmung. Sobald Sicherheit lediglich auf das Gewaltmonopol reduziert wird, wird Sicherheit zur bloßen Formel degradiert und auf das rein Materielle reduziert.[18]

Effizienz ist lediglich ein (keineswegs vorrangiger) Argumentationsaspekt bei der Bereitstellung von Sicherheit.

Der Staat, der kein Unternehmen ist und auch nicht auf einen Dienstleister reduziert werden kann, leistet im Hinblick auf Sicherheit viel mehr als nur Gewalt zu unterbinden, darunter auch das Schaffen von Strukturen und Abläufen im öffentlichen Leben, das Auffangen und Abbilden von Traditionen, den friedlichen Wechsel von Herrschaft. Der Staat ist kein Rückschritt, bei allen Problemen, die dieser Institution anhaften, sondern ein von Menschen sukzessive geschaffener institutioneller Fortschritt zur Überwindung von Problemen, allen voran fehlender Sicherheit im öffentlichen Raum. Das bedeutet nicht, dass sein Missbrauch ausgeschlossen wäre. Dennoch ist

---

18 Eine interessante These lautet: Diese Denkweise konnte sich vermutlich erst nach dem Tod großer Denker wie Schiller und Goethe entfalten, die eine Leere hinterließen, die durch das rein Materielle gefüllt wurde und alle anderen Dimensionen auszublenden begann.

der Staat kein Rückschritt, sondern bedeutet Progress. Das gilt insbesondere für die Durchsetzung der Herrschaft des Rechts. Bei de Molinari ist der Sicherheitsbegriff rechtlich vollkommen entkoppelt.

Zugleich fehlt in der anarchokapitalistischen Welt der öffentliche Raum (es gibt nur Privateigentum) und es gibt keine öffentlichen Angelegenheiten – eine res publica existiert nicht. Stattdessen sollen Eigentum und individuelle Verträge die Beziehungen zwischen Menschen regeln. Die privatrechtlichen Regelungen sind jedoch für die beim Zusammenleben von Menschen bestehende öffentliche Sphäre nicht geeignet. Das elementare Problem des Anarchokapitalismus besteht offensichtlich darin, dass ein Mittel zum Zweck gemacht wird. An dieser Stelle soll ein Hinweis auf einen Österreicher im weiteren Sinne ausreichen, nämlich Wilhelm Röpke, der ein treffendes Gespür und schlagende Argumente für das „Maß des Menschlichen" und den großen Bereich „Jenseits von Angebot und Nachfrage" hatte. Demgegenüber gründet die Ökonomisierung aller Lebensbereiche durch de Molinari und den Anarchokapitalismus auf einem unzulänglichen Menschenbild: Von wirtschaftlichen Bedürfnissen wird ein Menschenbild errichtet auf das bei allen Belangen von Politik, Wirtschaft, Gesellschaft und Kultur wieder zurück geschlossen wird. Darüber hinaus fällt der Anarchokapitalismus (nicht nur de Molinaris) hinter „Human Action" zurück und reklamiert zu unrecht, a priori zu argumentieren.

Schließlich sind die Behauptungen de Molinaris bemerkenswert a-historisch. Vor dem Dreißigjährigen Krieg war privatisierte Gewalt ein weit verbreiteter Normalfall, mit gewaltoffenen Räumen ohne einen territorialen Gewaltmonopolisten, aber Söldnerheeren. Auch während dieses Krieges gab es Banden ausgemusterter Söldnern, die auf eigene Faust raubten. Diese Banden rivalisierten untereinander, wie heute der Islamische Staat und seine Konkurrenten in Nahost und Nordafrika. Die Zustände des Dreißigjährigen Krieges waren wiederum im achtzig Jahre währenden Religionskrieg in Holland ähnlich. Das ist die Welt von Hobbes. Die Ausführungen de Molinaris rekurrieren zwar indirekt auf historische Tatsachen, etwa die Frage, warum sich aus Sicherheitsunternehmern keine Staaten bilden würden (S. 42f.), ohne aber die historisch geradezu ubiquitäre Wettbewerbssituation nicht zuletzt seiner Zeit zu berücksichtigen, etwa die Kleinstaaterei des Deutschen Reich. So bleibt seine Behauptung unvermittelt im Raum stehen, der Wettbewerb würde einen Missbrauch von Gewalt ausschließen. Dieser Hinweis, der Wettbewerb privater Gewalten verhindere Gewalt, mutet einigermaßen grotesk an. Regelmäßig entstehen in Phasen der Schwächung des staatlichen Gewaltmonopols Milizen, die gewaltsam nach der Macht greifen.

Die Privatisierung der Sicherheitsproduktion ist überflüssig

Damit führt Gustave de Molinari seine gesamte Argumentation ad absurdum:

> Die Voraussetzung für eine private Produktion von Sicherheit ist nämlich ein guter Wille des einen Sicherheitsunternehmens und ein guter Wille des nächsten Sicherheitsunternehmens und ein guter Wille jedes weiteren Sicherheitsunternehmens. Unter dieser Voraussetzung werden aber Sicherheitsunternehmen überflüssig.

Das ist historisch offenkundig aus guten Gründen nie der Fall gewesen. Und es gibt keinen Grund, warum sich daran etwas ändern könnte. Umso drängender werden Fragen, die de Molinari weder stellt noch beantwortet:

- Ist Sicherheit ein öffentliches Gut? Kann ein Mensch oder eine Familie vom Schutz eines Territoriums durch einen Sicherheitsdienstleister ausgeschlossen werden?

- Was passiert mit den Menschen, die sich kein privates Sicherheitsunternehmen leisten können? Bleiben sie schutzlos? Müssen sie sich einem Sicherheitsunternehmer unterwerfen? Werden sie von einem Sicherheitsunternehmer usurpiert?

- Wer löst und wie werden Konflikte zwischen Sicherheitsunternehmen gelöst? Wer löst und wie werden Konflikte zwischen Sicherheitsunternehmen und Kunden gelöst?

- Wie soll eine Verständigung auf ein allgemeingültiges Recht erfolgen, wenn private, konkurrierende Justiz und private, konkurrierende Sicherheitsunternehmen herrschen? Wenn das nicht der Fall ist, wie sollen Konflikte gelöst werden? Wie soll eine Verständigung auf ein privates Gericht erfolgen, wenn diese Vorstellungen von gewaltbewährten Sicherheitsunternehmen zur Durchsetzung folgen müssen.

Die anarchokapitalistische Monopoltheorie ist unhaltbar

7. Gustav de Molinaris Monopolthese ist unhaltbar. De Molinari behauptet: „Jedes Monopol stützt sich notwendig auf Gewalt." Das ist offenkundig falsch – Monopole werden keineswegs allein durch den Staat gewährt. Vielmehr gibt es natürli-

che Monopole, wie de Molinari später selbst eingesteht; sobald sie substituierbar sind, handelt es sich um zeitweise Monopole. Zeitweise Monopolstellung haben zudem alle Erfinderunternehmer, die neue, einzigartige Produkte auf den Markt bringen. Apple ist ein Beispiel, die Miniaturisierung von Sony war ein weiteres. Das weist zugleich auf ein schiefes, simples Verständnis der Anarchokapitalisten von Marktwirtschaft hin. Der Unternehmer kann, anders als in der Österreichischen Schule, keine dominante Rolle spielen, wenn einerseits ein Gegensatz und andererseits ein von de Molinari postulierter Vorrang der Konsumenteninteressen gegenüber Produzenteninteressen propagiert werden. Jeder Mensch ist Produzent und Konsument zugleich.[19] Der tiefere Grund lautet: Monopole jenseits des Staates dürfen nicht existieren, sonst wäre das territoriale Gewaltmonopol nur noch eines, wenn auch ein besonders bedeutsames, unter anderen, aus dem keineswegs alle anderen Monopole resultieren, wie de Molinari behauptet.

Anarchokapitalistische Zukunft – eine Dystopie

Der Anarchokapitalismus würde wahrscheinlich eine seggregierte Gesellschaft mit Feudalherren hervorbringen. Zu diesem Schluss kommt, in expliziter Anlehnung an Hans-Hermann Hoppe, auch Ralph Raico am Ende seiner mehrteiligen Vorlesung *History of Liberty*, wenn auch ohne Herrscher. Dieses Gegenteil einer pluralistischen Gesellschaft ist keine lebenswerte

---

19   Wirtschaftlich handelnde Menschen sind grundsätzlich immer Produzenten und Konsumenten. Jeder Produzent konsumiert privat Konsumgüter und erschafft Kapitalgüter. Jeder Konsument, der nicht ausschließlich vom Verzehr seines Vermögens lebt, ist Produzent, weil er Konsumgüter eintauschen muss, die produziert werden müssen. Produzent und Konsument sind Begriffe, die ökonomische Funktionen eines einheitlichen Systems sind.

und keine erstrebenswerte Gesellschaft, sondern ein Nebeneinander von Eintönigkeit in „gated communities".[20] Der Anarchokapitalismus bietet einen zivilisatorischen Rückschritt als Perspektive an.

Die vermeintliche Klarheit anarchokapitalistischer Argumentationen ist für manche Menschen attraktiv, scheint sie doch einfache Antworten für komplexe Probleme zu bieten. Indes wird nur eine differenzierte Sicht den vielfältigen Problemen gerecht. Komplexität lässt sich nicht mit Simplizität bearbeiten, geschweige denn lösen. Es ist ein Ausdruck von Naivität und Verführung, die Welt in gut und böse, in privat und staatlich einzuteilen. Es gibt zig Schattierungen von grau zwischen schwarz und weiß, und diese Schattierungen sind relevant. Mangels Gewaltenteilung bei privaten Sicherheitsunternehmen, können Polizei und Armee, dann auch Gerichte und das Recht ein Amalgam eingehen. Das ist heute bereits zu besichtigen: Der Islamische Staat oder Kalifatsstaat ist ein klassisches, modernes Sicherheitsunternehmen – ohne Checks und Balances. Braucht es ein anschaulicheres Beispiel um zu zeigen, was aus der Abwesenheit eines Gewaltmonopolisten resultiert? In einem gewaltoffenen Raum herrscht eine gewaltbereite Nichtregierungsorganisation.

---

20   In Holland existierten nach dem Ende des frühneuzeitlichen Religionskriegs zwei calvinistische und die katholische Kirche nebeneinander. Es bildete sich eine dreifach versäulte Gesellschaft heraus. Die Kirchen trennten sich auch territorial, wirtschaftlich, schulisch. Es gab also katholische Städte oder Viertel, Schulen, Fabriken usw. neben denen der anderen Kirchen. Man heiratete nicht untereinander und unterschied sich auch äußerlich sichtbar von einander (anschaulich beschrieben von Geert Mak: *Das Jahrhundert meines Vaters*). Zugleich ist der Austausch von Ideen das Lebenselement des Fortschritts. Versäulung und Segregation sind konservative, verlangsamende, letztlich erstickende Ordnungsprinzipien.

Der allfällige Missbrauch des Staates und die illegitime Ausweitung der Grenzen des Staates sollten nicht dazuführen, das Kind mit dem Bade auszuschütten. Aufgabe unserer Zeit ist es, die Herrschaft von Menschen über Menschen durch den Staat einzuschränken und damit Alternativen zum Missbrauch zu entwickeln. Das führt zu dem richtigen Streben Molinaris zurück, neue Institutionen zu finden, aber im Rahmen einer Gesellschaft mit minimalinvasiven Staaten. Die Renaissance des klassischen Liberalismus ist die Antwort auf die Herausforderungen unserer Zeit. Zugleich ist der Austausch von Ideen das Lebenselement des Fortschritts. Versäulung und Segregation sind konservative, verlangsamende, letztlich erstickende Ordnungsprinzipien.

Politik oder keine Politik – ist das die Frage?
Kritische Anmerkungen zu Michael Huemer

von Michael von Prollius

Michael Huemer gilt einigen Anarchokapitalisten als moderner Vor- und Weiterdenker. Als Anarchist, der nicht der rothbardschen Traditionslinie entstammt, wird gerne auf Huemer als argumentative Unterstützung für ein staatsloses System hingewiesen. Eine Auseinandersetzung mit einigen seiner Thesen kann an einer aktuellen Übersetzung wichtiger Aufsätze ansetzen.

Kaum etwas erregt die Gemüter derart wie Politik. Mit Politik ist stets die Staatsfrage verbunden, wenn auch heute der Staat nur selten in Frage gestellt wird. Das ist radikalen Denkern überlassen, also denen, die an die Wurzel (ad radix) gehen. Michael Huemer, Professor für Philosophie an der Universität von Colorado, widmet sich eingehend einer solchen Wurzelbehandlung. In Insider-Kreisen ist seine Monographie „The Problem of Political Authority" bekannt, die den Untertitel trägt „An Examination of the Right to Coerce and the Duty to Obey". Erstmals in deutscher Sprache liegen nun zentrale Aufsätze vor, die Thomas Leske dankenswerterweise ausgewählt, übersetzt und verlegt hat.[21] Das Cover des Bandes mit dem treffenden Titel „Wider die Anmaßung der Politik" trägt die Aufschrift „Michael Huemer über das Unrecht der Drogen-, Einwanderungs- und Waffengesetze und die Tugend der Politikverdrossenheit". Damit sind die Themen des Sammelbandes benannt, die zugleich Konstituanten von Huemers Werk darstellen.

Huemers Standpunkt

Michel Huemer versteht sich als philosophischer und politischer Anarchist. Seine wissenschaftliche und weltanschauliche Position wird als „moralischer Realismus" und „ethischer Intuitionalismus" bezeichnet. Dementsprechend geht Huemer davon aus, dass es eine objektive und nicht eine auf subjektive Perzeption und Präferenz beschränkte Moral gibt. Diese könne von jedermann wahrgenommen werden und bilde so die Grundlage der Ethik. Offenkundig vertritt Michael Huemer eine doppelte Sonderposition: Anarchismus in Verbindung mit moralischem Intuitionalismus.

Während Cicero konstatierte: *„Der Staatsdienst muss zum Nutzen derer geführt werden, die ihm anvertraut werden,*

---

21 Michael Huemer: Wider die Anmaßung der Politik, hg. und übersetzt von Thomas Leske, Verlag Thomas Leske, Gäufelden 2015.

nicht zum Nutzen derer, denen er anvertraut ist." stellt Huemer letztlich jedwede Staatlichkeit und Zuständigkeit öffentlicher Politik in Frage. In seinem politischen Hauptwerk „The Problem of Political Authority" argumentiert Huemer, dass bindende politische Autorität eine Illusion, kein Staat legitim und die Masse des Regierungshandelns unrecht sei. Huemer verwirft die Theorie des Gesellschaftsvertrags mangels existierendem Vertrag und mangels Zustimmungsfähigkeit durch alle vernünftigen Menschen. Huemer verwirft auch das demokratische Prinzip, weil eine zahlenmäßige Mehrheit keinen Zwang begründen könne, keine Staatsführung selbst demokratischen Prinzipien genüge und Gleichheit keine individuellen Rechte aushebeln könne, zumal politische Legitimität selbst ein Gleichheitsverstoß sei. Der Nutzen guten Regierungshandelns durch eine Unterordnung unter das Recht könne keine Autorität begründen, da sie ohne Auswirkung auf den Nutzen des Regierungshandelns bleibe. Historisch sei eine starke Neigung von Menschen zur Unterordnung gegeben. Da autoritäre Institutionen sehr gefährlich seien, wertet der amerikanische Philosoph die Erschütterung des Vertrauens in Institutionen mit Herrschaftsanspruch als eine soziale Wohltat.

Dem lässt sich ähnlich kurz entgegnen: Illusion, politikwissenschaftlich übersetzt: Konstruktivismus, bildet zusammen mit machtpolitischem Realismus eine zentrale Ursache für politisches Handeln. Ein Staat kann durchaus legitim sein und sogar viel Gutes tun – Menschen schreiben Staatsführungen regelmäßig Legitimität zu. Ohne Legitimität kann sich keine Staatsführung dauerhaft halten. Die Metapher des Gesellschaftsvertrags ergibt Sinn und ist nützlich, wie der Staat selbst, ohne dass es einen Vertrag geben muss, wie unter anderem Richard A. Epstein aufzeigt.[22] In der Tat begehen Staatsangehörige massenhaft Unrecht und genügen selten demokratischen Prinzipien. Entscheidend ist indes nicht die unbestrittene Tatsache, sondern einerseits ihr Ausmaß im Verhältnis zu den rechtmäßigen Handlungen und andererseits, was zu tun ist, um dem entgegenzuwirken. Mehrheitsentscheidungen haben sich nicht zuletzt deshalb als Abstimmungsregel herausgebildet, weil Einstimmigkeit zu hohe Kosten verursacht. Es gibt unter Menschen keine fehlerlose Ordnung; Menschen sind nicht fehlerlos. Es kann nützlich sein, Rechte an die Regierung zu übertragen – eine Ordnung ohne Herrschaft des Rechts strebt zu einer Herrschaft des Stärkeren oder aber zu dessen Einhegung durch das Recht. Das zeigen Empirie und Theorie, wie Huemer selbst zugibt. Indes sollte Staatsführungen tatsächlich stets mit Misstrauen begegnet und darüber hinaus ihr Einfluss permanent eingedämmt werden.

Irrungen und Wirrungen

Huemer argumentiert zudem: Bei gleicher Stärke zweier Parteien sei ein Konflikt irrational. Die Zentralisierung von Macht lade zur Ausbeutung und zum Missbrauch durch die Mächtigen ein. Demokratie verhindere das Schlimmste, sei aber aufgrund der Irrationalität der Wähler mangelbehaftet. Verfassungsmäßige Restriktionen blieben häufig wirkungslos, weil die Regierung sie durchsetzen müsse. Die Gewaltenteilung scheitere, weil die verschiedenen Teile der Regierung zusammen eine Ausdehnung des Staates betrieben, statt die Rechte der Bürger zu schützen. Die überlegene Alternative sei daher

---

22   Richard A. Epstein: Design for Liberty. Private Property, Public Administration, and the Rule of Law, London 2011.

die Anarchie, die auf echten Vertragsbeziehungen basiere, Polizei privatisiere und auf Streitkräfte verzichte, zumal Guerillakrieg mitunter eine wirksamere Verteidigung darstelle.

Diese Argumentation hat manches für sich, lässt jeweils aber auch ganz andere Schlüsse zu und endet leider in einer Anmaßung. Zwei Parteien sind nie objektiv gleich stark und nehmen sich auch nicht so war; David kann Goliath besiegen. Sobald das Schlimmste verhindert wurde, ist viel erreicht. Was ist überhaupt vollkommen? Wer jedoch den vermeintlichen wirksameren Guerillakrieg als Alternative zu einer heute primär abschreckenden Landesverteidigung durch Streitkräfte preist, ist ein weltfremder Spinner.

Moral oder nicht Moral, das ist hier die Frage

Um der Argumentation Huemers gerecht zu werden, erscheint es angebracht zwischen verschiedenen Argumentationsfeldern zu unterscheiden: Moral und Ethik einerseits, Historie und Empirie andererseits, schließlich das Koordinationsproblem (privat oder öffentlich). Eine dezidierte Auseinandersetzung ist an dieser Stelle zwar nicht möglich. Offenkundig rennt Huemer allerdings mit seiner Staatskritik auch bei Minarchisten offene Türen ein. Gleichwohl überzeugen mich seine weitergehenden Überlegungen nicht. Ein modernes Gemeinwesen kann nicht auf Moral gebaut sein, sondern bedarf des Rechts. Recht erwächst aus Konventionen, die wiederum das Ergebnis von Kooperation sind; die gab es bereits, bevor der Mensch über die Welt zu philosophieren begann.[23] Menschen handelten und aus ihrem Handeln entwickelten sich auf gegenseitigen Nutzen

---

23 Siehe dazu auch Paul Robinson: *Pirates, Prisoners & Lepers. Lessons from Life outside the law*, University of Nebraska Press 2015.

abstützende Maxime noch bevor der Verstand eine Moral entworfen hatte. Henry Hazlitt hat daher in „The Foundations of Morality" zunächst den Begriff „Mutualismus" vorgeschlagen und sich dann für die Alternative „Kooperatismus" stark gemacht, um das Konzept des „Utilitarismus" weiter zu entwickeln. Die „soziale Kooperation" erfolge durch Regeln und damit Institutionen gebunden. Hazlitt würde indes nie auf die Idee kommen, den Staat abzuschaffen.

Das Problem moralischer Intuition ist, dass sie von Mensch zu Mensch variiert, selbst wenn es erhebliche Schnittmengen gibt. Und in dem Moment, wo sie als Richtschnur benötigt wird, ist sie nicht unbedingt und nicht eindeutig abrufbar. Intuition dürfte zudem nur ein Teil des Moralphänomens sein, sozusagen eine individuelle Komponente. Sie ist aber nicht einfach da, genauso wenig wie Gott die Moral den Menschen gegeben hat. Moral hat sich aus der Kooperation von Menschen entwickelt, genauso wie Sprache und Geld. Moral ist kein Produkt des Verstands. Der Begriff Moral beschrieb ursprünglich wie Menschen tatsächlich handeln und mitunter welche Handlung von ihnen erwartet wurden.

Der Nutzen von Moral als Fundament für ein Gemeinwesen ist zweifellos erheblich, aber auch begrenzt. Mit Ludwig von Mises gilt: „*Alles, was dazu dient, die soziale Ordnung zu bewahren, ist moralisch, alles, was dem diametral gegenüber steht, ist unmoralisch.*" Moral ist ein weiches Bindemittel, hilfreich, aber nicht hart genug. Moral ist nicht einklagbar und taugt nicht als abstraktes Regelsystem, anders als Recht. Moral ist nicht objektivierbar, es sei denn aus Moral wird Recht. Das gilt umso mehr sobald der Rahmen der überschaubaren Gruppe überschritten wird und es um anonyme, heterogene Großgesellschaften geht. In der Kleingruppe mag Moral zum Ordnungserhalt genügen, wenn sie auch Gefahr läuft, durch mächtige Gruppenmitglieder oder Anführer willkürlich angewandt zu werden.[24] Das gilt umso mehr als Menschen dazu neigen, Normen zu ihrem Vorteil auszulegen. Eine Gesellschaft kommt gerade deshalb nicht ohne Recht und Gesetz aus. Zudem wäre die schriftliche Niederlegung der Moral ein Entwicklungsfortschritt für die Gruppe, weil aus Implizitem so Explizites wird. Die Konstruktion einer Vertragsgesellschaft ist indes der unzulängliche Versuch, individuelle und gruppenbasierte Mechanismen auf die *res publica* zu übertragen. Es gibt eine Nachfrage nach Recht. Und es gibt eine Nachfrage nach Politik. Beide sind berechtigt. Beide lassen sich kritisieren, aber nicht aus der Welt schaffen. Beide erfüllen wichtige Aufgaben, ohne dass es einen Ersatz für sie gibt.

Klassisch-liberale Perspektiven auf den Staat

Vertreter des klassischen Liberalismus halten mit guten Gründen einen Minimalstaat für unverzichtbar. Fünf Perspektiven namhafter Sozialphilosophen auf den Staat verdeutlichen das nachfolgend.

Anthony de Jasay argumentiert stets im Sinne einer anarchischen Ordnung, macht kontinuierlich die Eigeninteressen der Staatsadepten sichtbar und kritisiert die Forderung nach einer notwendigen Unterwerfung unter das Mehrheitsprinzip, ist aber selbst nur ein Anarchist mit Augenzwinkern: *„Anarchie ist*

---

24   Ein eindringliches filmisches Beispiel für eine geteilte, pervertierte Herrschaft von Moral ist der Alpenwestern „Das finstere Tal", der auf dem Roman von Thomas Willmann basiert.

erstrebenswert, aber unmöglich."[25] Der gebürtige Ungar zeigt, dass sich Konventionen zu maßgeblichen normativen Standards entwickeln können, ohne konstitutionelle, evolutorische oder naturrechtliche Begründung, allein von individueller Freiheit ausgehend. Kollektive Zwangsmechanismen von Staatsführungen hält de Jasay nicht für individuell legitimierbar. Sobald es aber einen Staat gibt, muss jedes Individuum die staatliche Macht hinnehmen, und Menschen tun das nahezu ausnahmslos, wenn auch nicht vollkommen freiwillig. So steht es ihnen frei, den Staat nicht als Resultat ihrer freiwilligen Zustimmung, sondern als aufgezwungen zu kritisieren.

Ludwig von Mises und Friedrich August von Hayek entstammen der guten alten Welt von gestern, die dem Minimalstaat am nächsten kam. Bekanntlich war Mises der Auffassung, Anarchie seit etwas für Engel[26] und die Aufgabe des Staates, den er für einen Gewalt- und Unterdrückungsapparat hielt, sei es, den Menschen zu nutzen. Die Beschränkung der Staatstätigkeit auf unentbehrliche Bereiche ist das Bestreben beider. Das beinhaltet die Aufrechterhaltung der Rechtsordnung, einschließlich des Eigentums, und des Friedens. Schon eine kleine

---

25   Anthony de Jasay im Interview mit Hartmut Kliemt (The Intellectual Portrait Series. A Conversation with Anthony de Jasay). Die Konzeption des Minimalstaats, der ein Eigeninteresse an seiner Minimierung haben kann, führt de Jasay aus in: *The State*, Indianapolis 1998, 30f.

26   Ludwig von Mises: *Liberalismus*, Jena 1927, 33: *„Der Anarchismus verkennt die wahre Natur des Menschen; er wäre nur durchführbar in einer Welt von Engeln und Heiligen."* Außerdem: *"A shallow-minded school of social philosophers, the anarchists, chose to ignore the matter by suggesting a stateless organization of mankind. They simply passed over the fact that men are not angels. They were too dull to realize that in the short run an individual or a group of individuals can certainly further their own interests at the expense of their own and all other peoples' long-run interests."* In: The Ultimate Foundation of Economic Science, 98-99.

Zahl asozialer Individuen könne alle Gesellschaft unmöglich machen, war Mises überzeugt. Friedrich August von Hayek erforschte nicht nur die tieferen Grundlagen einer freien Ordnung, sondern formulierte auch eine Verfassung der Freiheit und institutionelle Reformvorschläge, um die staatliche Macht zu beschränken.

Richard A. Epstein, einer der herausragenden und einflussreichsten lebenden Verfechter des Minimalstaats in den USA, sieht in der Verfassung (einschließlich Föderalismus, beschränkter Regierung, Gewaltenteilung, Eigentumsrechten usw.) das Mittel, um den Staatseinfluss zu begrenzen und zugleich individuelle Rechte zu schützen. Dabei gelte es einerseits die staatliche Einflussmöglichkeit so klein wie möglich zu halten und andererseits, robuste staatliche Institutionen aufzubauen, die den Gesetzgebungsprozess durch Veto-Hürden so sehr wie irgend möglich verlangsamen. Alle Gesetze sollten solange für schlecht angesehen werden bis das Gegenteil bewiesen ist. Epstein plädiert, vom Privatrecht kommend, als profilierter Skeptiker jedweden Regierungshandelns für die kleinstmögliche Regulierung durch einfache Regeln, da komplexe Regeln durch das Streben nach Einzelfallgerechtigkeit zu Ungerechtigkeit führen und massive Kosten erzeugen. Epstein hat den libertären Charakter der US-Verfassung aufgezeigt[27] und argumentiert, dass aus moralischen und utilitaristischen Gründen eine klassisch liberale Verfassung zustimmungsfähig ist.

James M. Buchanan hält es als Vertreter des moralischen Kontraktualismus für möglich, auf konstitutionellem Weg dem Staat langfristig wirksame Schranken zu setzen. Buchanan ver-

---

27 Richard A. Epstein: *The Classical Liberal Constitution. The Uncertain Quest for Limited Government*, 2014.

sucht Rechtsordnung, Rechtsschutzstaat und Leistungsstaat als vertragliche Einigung rationaler Individuen eine Verfassungsform zu geben.[28] Seine Verfassung trennt private und kollektive Handlungen. Buchanan unterteilt Wahlhandlungen in zwei Stufen: In der ersten Stufe wird die Verfassung bestimmt (Auswahl der Spielregeln), in der zweiten nachkonstitutionellen Phase wird das Spiel nach den Spielregeln gespielt. Anders als liberale Minimalstaatsvorstellungen sieht Buchanan zusätzlich zum Rechtsschutzstaat noch einen Leistungsstaat vor, der öffentliche Güter bereitstellt. Letzterer sei das Ergebnis eines offenen Verhandlungsprozesses.

Wider die Anmaßung der Politik

In „Lob der Untätigkeit", dem ersten von fünf Aufsätzen in dem vom Thomas Leske herausgegebenen Buch, plädiert Michael Huemer für eine Enthaltsamkeit der Politik, die auf Eingriffe bei sozialen Problemen verzichten sollte. Ihr fehle der grundlegende Sachverstand, um politische Entscheidungen zu treffen, zumal die Auswirkungen von Eingriffen kaum vorhersagbar seien. Eingriffe richteten mehr Schaden an als Nutzen zu stiften. Leider treten für Huemer heute *„Wähler, Aktivisten und Spitzenpolitiker in die Rolle mittelalterlicher Ärzte. Sie vertreten einfache, vorwissenschaftliche Theorien über gesellschaftliche Mechanismen und die Ursachen gesellschaftlicher Probleme, aus denen sie eine Palette von Gegenmitteln ableiten, welche sich nahezu alle als unwirksam oder schädlich erweisen."* (S.

---

28   James M. Buchanan: *The Limits of Liberty. Between Anchary and Leviathan,* Chicago u.a. 1987 und *The Reason of Rules – Constitutional Political Economy,* Indianapolis 1985.

13) Huemer ist überzeugt, dass *„unser politisches Wissen sehr begrenzt ist."* (S. 20) Echtes politisches Wissen sei eher einfach, von Fachleuten anerkannt, ideologiefrei, weich, spezifisch und konkret, von geeigneten Belegen unterstützt, nicht einem Gegenbeweis unterlegen. (S. 21f.) Seine Empfehlung an die Bürger lautet: *„Gehen Sie nicht wählen"*, schließlich sei Wählen *„eindeutig unmoralisch"*. Den Politikern schreibt Huemer ins Pflichtenheft *„Richte vor allem keinen Schaden an!"*. (S. 39).

Wissensmangel, Interventionsspirale, durch Politik überhaupt erst erzeugte Probleme und politische Entscheidungen, die mitunter auf amateurhafte Weise zustande kommen – Huemers Anamnese, Diagnose und Therapie treffen und sind nicht weit entfernt von den Erkenntnissen, die Mises, Hayek, Friedman und viele andere konsequente Liberale sowie Anhänger der Public Choice Schule seit Jahrzehnten fundiert vertreten. Die Erkenntnisse sprechen gegen Politik und zeigen Wege für bessere Politik auf. Ob Wählen unmoralisch ist, bleibt dem persönlichen Standpunkt überlassen.

Gibt es ein Recht, Schusswaffen zu besitzen?

Für Huemer haben Menschen ein Anscheinsrecht (*prima facie right*) auf den Besitz von Schusswaffen. Der gesellschaftliche Schaden, der übertrieben werde, könne dieses Recht nicht verdrängen. Erst ein Schaden, der den Nutzen um ein Vielfaches übertreffe, würde ein Verbot von Schusswaffen rechtfertigen. Ein Anscheinsrecht sei nicht so stark wie ein uneingeschränktes Recht, besitze aber ein gewisses moralisches Gewicht. Huemer stellt die Rechtsverletzung auf (fast) dieselbe Stufe wie *„(mehrfacher) Mord, Raub, Vergewaltigung und Körperverletzung."* (S. 63) Für normale Menschen sei es empirisch und dem gesunden Menschenverstand zufolge *„extrem unwahrscheinlich .., einen Mord zu begehen."* (S. 54) Für Huemer liegt es nicht auf der Hand, dass der Wert der Menschenleben, die durch ein Waffenverbot gerettet würden, schlicht viel größer sei als der Freizeitwert von Schusswaffen. (S. 57)

Anscheinsrechte sind Rechte, die durch eine mittelbare Beweisführung begründet werden. Von bewiesenen wird auf zu beweisende Rechte geschlossen. Genau das macht Huemers Argumentation problematisch. Es leuchtet nicht ein, warum erst ein massiver Schaden eintreten muss, um Schusswaffen zu verbieten. Ein Mord oder ein Totschlag mit einer legalen Waffe ist ein Mord oder Totschlag für die Betroffenen zu viel und kann zum moralischen Bann von Schusswaffen führen. Schon Schussverletzungen können dafür ausreichen. Warum sollte eine Gruppe das Rechtsgut eines Gefühls der Sicherheit nicht über das Anscheinsrecht stellen?

In der Bundeswehr herrschen hohe Sicherheitsstandards beim Umgang mit Waffen und Munition. Schießunfälle sind regelmäßig auf Verstöße gegen Sicherheitsstandards zurückzuführen. Diese Standards lassen sich im privaten, geschweige denn öffentlichen Raum schwerlich einhalten, weil sie permanente Ausbildung, drillmäßiges Üben und Belehrung sowie eine Kommandogewalt zur Überwachung und Durchsetzung erfordern.

Kann die Wahrung des angenommenen Rechts auf Schusswaffenbesitz überhaupt höher wiegen als die (perzipierte) Sicherheit der Bürger? Eine plausible empirische Begründung für ein Recht auf Schusswaffenbesitz wäre der Nachweis, dass sie für mehr Sicherheit der Bürger sorgt. Dieser Nachweis steht aus. Es mutet bizarr an, den Freizeitwert von Schusswaffen im Verhältnis zu einem Menschenleben gewichten zu wollen. Damit ist der Kern von Humers Argumentation benannt: eine konstruktivistische Argumentationskette. Im Sinne einer freien Gesellschaft wäre viel erreicht, wenn nicht möglichst viele Menschen ihr Recht auf Schusswaffenbesitz ausüben, sondern möglichst wenig Waffen verbreitet wären, so wie in Großbritannien Bobbys traditionell keine Schusswaffen tragen.

Amerikas ungerechter Krieg gegen die Drogen

Wer Milton Friedmans Plädoyer für eine Legalisierung von Drogen kennt und den Gesinnungswandel führender Köpfe im sogenannten Krieg gegen die Drogen in Mexiko und Südamerika verfolgt hat, der wird das Thema Drogenfreigabe nicht außergewöhnlich finden. Das gilt umso mehr als Huemer konstatiert, dass Fahren unter Drogeneinfluss verboten sein sollte – Verkehrsgefährdung *„fällt klar in den Aufgabenbereich des Staates* [sic!].“ (S. 92). Als Mutmaßung erscheint indes die Aussage, Drogenkonsumenten seien in der Lage, ihr Verhalten zu steuern. Das in Deutschland wahrscheinlich bekannteste und angesehendste Dokumentationsbuch mit dem dazugehörigen Film „Christiane F. Wir Kinder vom Bahnhof Zoo“ reicht als Widerlegung aus. Die Nicht-Beherrschbarkeit des Drogenkonsums weckt tiefgreifende Zweifel am Unrecht von Drogenverboten. Die Grenze zwischen der Freigabe weicher und harter Drogen ist schwer zu ziehen und bedarf absehbar Experimenten und Entdeckungsverfahren.

Gibt es ein Recht auf Einwanderung?

Angesichts der aktuellen Bedeutung darf man gespannt sein, was Huemer zum Thema Einwanderung zu sagen hat. Liberale plädieren für offene Grenzen. Anarchisten kennen keine (staatlichen) Grenzen. Für Huemer verletzen Einwanderungsbeschränkungen das Anscheinsrecht Einwanderungswilliger, keinem schädlichen Zwang ausgesetzt zu werden. Wirtschaftliche, fiskalische, kulturelle Folgen der Einwanderung könnten dieses Recht weder außer Kraft setzen noch verdrängen. Es gebe kein staatliches Recht, Beschränkungen für eine Staatsbürgerschaft zu erlassen analog zu privaten Clubs für eine Mitgliedschaft, da dies schädlich sei und zwangsbewehrt erfolge.

Huemers Plädoyer ist bedeutsam, nimmt es doch den Wechsel von der bis vor kurzem noch gleichermaßen verbreiteten wie beschränkten Sicht auf das Recht der Einwohner zur Berücksichtigung der Bedürfnisse der Einwanderer vorweg. Indes gibt es kein Recht auf Freiheit von schädlichem Zwang. Das wäre ein Anspruch ähnlich dem auf Nahrung, Wohnung und Kleidung sowie Arbeit. Rechte schweben nicht unabhängig im Raum, sondern sind relativ, auf andere bezogen. So haben die Einwanderer in ihrem Heimatland ein Recht auf Schutz von Leib, Leben und Eigentum durch die Staatsführung, die wiederum die Pflicht hat, dies zu gewährleisten. Allerdings kann dieses Recht nicht von der Staatsführung eines Anrainerstaates oder irgendeines anderen Staates durch die betroffenen Bürger eingefordert werden. Es gibt keine Verpflichtung zum Eingreifen anderer Staaten, wenn dieses Recht verletzt wird. *Responsibility to Protect* ist bisher lediglich eine politische Forderung, aber nicht Bestandteil des Völkerrechts. Es ist bemerkenswert, dass Huemer überhaupt mit dem Recht und nicht mit der Moral argumentiert, denn so redet er der Formel eines „Benefit of Political Authority" das Wort. Die Rechte von Einwanderern und der ansässigen Bevölkerung in Einklang zu bringen, ist eine politische Aufgabe, die bisher nationalstaatlich in der jeweiligen *res publica* unterschiedlich diskutiert und entschieden wird. Das gilt umso mehr, weil liberale Prinzipien nicht voraussetzungslos sind und diese Herausforderungen in einer etatistischen Welt derzeit nicht oder nur unzureichend gegeben sind.

Fazit: Wo Schatten ist, da ist auch Licht

In dem abschließenden Artikel „Gegen Gleichheit" bemerkt Huemer: *„Höchstwahrscheinlich handelt es sich bei der Intuition, dass Gleichheit einen inneren Wert hat, um eine Vorliebe".* (S. 158) und fordert, wir sollten *„den Wert der Gleichheit aufgeben angesichts seiner Unvereinbarkeit mit abstrakten Wertgrundsätzen, die auf vernünftiger Überlegung beruhen."* So treffend diese Wertung erscheint und so wohlfeil die erhobene Forderung anmutet, sie erfordert einen anderen Menschen. Das ist das Kernproblem des Anarchismus und des Anarchokapitalismus. Anarchismus ist unmöglich. Anarchismus ist eine Utopie, mehr eine Dystopie, wenn wir auf historische und aktuelle Gewalträume blicken, die kein Gewaltmonopol, dafür aber rivalisierende Gewaltakteure kennen. Eine friedliche Welt des Anarchismus verkennt, dass Gewalt immer da ist.

Anders als zustimmende Kommentatoren loben, geht für mich Huemers Verbindung von Moralphilosophie und Sozialwissenschaft nicht auf. Die Argumentationen, die ihren Anfang bei Positionen des gesunden Menschenverstandes nehmen, führen regelmäßig in die Irre. Das gilt auch für argumentative

Hilfsmittel wie Qualifizierungen als „stark genug" und „ausreichend umfangreich" sowie „viel besser".

Man kann die Ansicht vertreten, dass jedwede Überordnung eines Menschen über einen anderen nicht legitimierbar ist. Das haben auch andere Denker außer Huemer getan. Indes lässt sich dafür zumindest eine Zustimmungsfähigkeit schlüssig begründen. In der Praxis ist das indes irrelevant, weil es den Staat gibt, staatenlose Gesellschaften nicht, und Menschen dem Staat Autorität und Legitimität zumessen. Das gilt sogar in ausreichendem oder sogar überwältigendem Maße für autoritäre Staatsführungen. Ohne Zwangsapparat zerfällt eine Gesellschaft in konkurrierende Parteien, die um die Herrschaft ringen. Es nicht erkennbar, dass sich dieses anthropologische, historische Muster ändern könnte.

Mir scheint mitunter ein Missbrauch der Vernunft vorzuliegen – im hayekschen Sinne. Hayek erkannte: Wir haben Vernunft, weil wir Regeln gefolgt sind, nicht umgekehrt. Diese Regeln werden in einem Trial and Error Verfahren geprüft, bestärkt und verworfen. Der Huemer'sche Deduktionismus ist längst nicht so stringent wie es scheint. Soziale Zusammenhänge sind kontingent, also auch anders denkbar. Es erscheint zweifelhaft, dass es eine widerspruchsfreie Reißbretttheorie einer Gesellschaft geben könnte. Die Suche nach einer eindeutigen Begründung, die Anarchisten und Anarchokapitalisten vielfach umzutreiben scheint, ähnelt der Suche nach dem heiligen Gal. Es gibt keine schlüssige, widerspruchsfreie Begründung für die Existenznotwendigkeit des Staates, der jeder vernünftige Mensch zustimmt. Es gibt keine schlüssig Begründung für die Existenz einer herrschaftsfreien Gesellschaft, der jeder Mensch folgt. Für die kleine Minderheit der radikalen Denker bleibt geistige Überzeugungsarbeit oder aber der praktische Nachweis, dass es anders besser geht. Beides steht aus.

Indes ist das zentrale Axiom, das Non-Agressionsprinzip, nicht für diese Welt. Selbst in sozialen Tiergruppen, darunter Gorillas, wird Zwang angewendet, und zwar gezielt, um die Einhaltung der Normen durchzusetzen, sonst versiegt die Kooperation in der Gruppe. Wer straft? Die Gruppenstärksten. Wer überwacht das Strafen? Die Gruppe nimmt das Strafen wahr und erwartet die Sanktion, aber die älteren Weibchen schreiten ein, wenn über die Maßen gestraft wird. Auch eine Gruppe Menschen besteht nicht ohne Zwang. Dieser Zwang wird bei Verträgen im Voraus freiwillig, selbstbindend eingegangen. Bei Verstößen gegen die Gruppenmoral wird Zwang erwartet. Ohne Sanktionen verfällt die Moral, die Verstöße nehmen zu, auch weil die moralischen Maxime als nicht mehr glaubwürdig und bindend erscheinen. Die Kooperation verfällt. Warum sollte dieser selbstbindende Zwang nicht bei einem Gesellschaftsvertrag zur Anwendung kommen?

Indes unterscheidet sich die Gruppe mit ihren persönlichen Kennverhältnissen von der anonymen Großgesellschaft. Was für die Gruppe gilt, lässt sich nicht einfach auf die Gesellschaft anwenden. Tut man das doch, so sitzt man dem Horden- und Stammesdenken auf, das schon den Sozialismus kennzeichnete und ein Grund seines Scheiterns war. Eine Gesellschaft braucht mehr als eine gemeinsame Moral, um zu bestehen. Und es sind begründete Zweifel angebracht, dass es hinreichende moralische Übereinstimmungen gibt, um von einer gemeinsamen Moral sprechen zu können. Selbst wenn dem so wäre, käme doch die Politik ins Spiel, die in Gesellschaften per se existiert. Es gibt eine Nachfrage nach Politik, um die öffentlichen Angelegenheiten zu regeln. Politik ist die Regelung der allgemeinen Angelegenheiten eines Gemeinwesens. In Abwandelung einer Songzeile: „*Politics is a dirty job, but someone's gotta do it.*"

Die unüberbrückbaren Gegensätze von Anarchismus und Liberalismus

von Helmut Krebs

Anarchismus und Liberalismus sind Gesellschaftslehren. Wenn in diesem Essay von den Liberalen oder den Anarchisten die Rede ist, so sind in der Regel damit Idealtypen gemeint, nicht konkrete Personen. Konkrete Menschen hängen immer einem Sammelsurium verschiedener Ideen an. Ihr Handeln kann von den Lehren ihrer Ideologien abweichen.

Anarchismus ist eine Ideologie, die eine Gesellschaft für wünschenswert hält, in der es keinerlei Herrschaft und keinerlei Hierarchie gibt. Die Kritik des Anarchismus an der Herrschaft setzt an den jeweils vorhandenen geschichtlichen Herrschaftsformen an. Der rote Anarchismus eines Proudhon und seiner Nachfolger glaubte in der Marktwirtschaft eine Herrschaft der Ausbeuterklasse über das Proletariat erblicken zu können (*Eigentum ist Diebstahl*). Der Anarchokapitalismus rückt den Staat an die Stelle der Ausbeuterklasse. In ihm meint er, eine strukturelle Herrschaft über alle Menschen, erblicken zu können (*Steuern sind Diebstahl*). Beide Strömungen sind wesensverwandt, auch wenn der Anarchokapitalismus sich in der Frage des Eigentums anders positioniert. Dies ist der wesentliche Unterschied.[29] Um sich vom kommunistischen Anar-

---

29   Hans-Hermann Hoppe: Der Wettbewerb der Gauner. Über das Unwesen der

chismus abzugrenzen, ächtet er die Erst-Aggression.[30] Beide eint die Idee der absoluten Herrschaftsfreiheit.

Eine Epochenwende der Menschheitsgeschichte

Der zentrale Streitpunkt zwischen dem Anarchismus und dem Liberalismus ist die Idee der Legitimität des Staates. Die Macht der Regierung beruht auf der Zustimmung durch die öffentliche Meinung.[31] Mit dem Begriff der Legitimität ist nichts anderes gemeint, als die Idee, dass die Regierung das Recht hat zu

---

Demokratie und den Ausweg in die Privatrechtsgesellschaft, Berlin, 2012, 56.

30 Das Nonaggresionstheorem (Verzicht auf Erstaggression) leistet keine Dienste bei bestehenden Konflikten. Es ist auch kein zuverlässiges Instrument zur Konfliktvermeidung. Bei schwelenden Konflikten beschuldigen sich die Gegner gegenseitig, angefangen zu haben. Die Definition von Aggression kann im anarchischen Zustand nicht allgemeingültig sein. Vgl. Paul Watzlawiks Kommunikationstheoreme, insbesondere die *Doppelbödigkeit der Mitteilung* und die *Reziprozität von Ursache und Wirkung*. http://www.paulwatzlawick.de/axiome.html.

31 Schon David Hume hatte das Prinzip der Reziprozität von Ursache und Wirkung in komplementären Beziehungen verstanden. Dazu führte Mises aus: *„Regierung, lehrte Hume, ist immer Regierung der Wenigen über die Vielen. Die Macht ist also letztlich immer auf der Seite der Regierten, und die Regierenden haben nichts, auf das sie sich stützen können, als die Überzeugung. Diese Erkenntnis, die logisch aus den Schlüssen gefolgert wurde, veränderte völlig die Diskussion über Freiheit. Der mechanische und arithmetische Standpunkt wurde aufgegeben. Wenn die öffentliche Meinung letztlich verantwortlich ist für den Aufbau der Regierung, ist sie auch die Kraft, die bestimmt, ob Freiheit oder Knechtschaft besteht. Es gibt nahezu nur einen Faktor, der die Macht besitzt, die Menschen unfrei zu machen – tyrannische öffentliche Meinung. Der Kampf um Freiheit ist letztlich nicht Widerstand gegen Alleinherrscher oder Oligarchen, sondern Widerstand gegen die Despotie der öffentlichen Meinung. Es ist nicht der Kampf der Vielen gegen die Wenigen, sondern der von Minderheiten – manchmal einer Minderheit von nur einem einzigen Menschen – gegen die Mehrheit. Die übelste und gefährlichste Form einer absolutistischen Herrschaft ist die einer intoleranten Mehrheit. Das sind die Schlüsse, die zu Tocqueville und John Stuart Mill führen.“* Mises: *Theorie und Geschichte*, München, 2012, 112.

führen und zu entscheiden. Während die Anarchisten monieren, dass der Staat bzw. die Rechtsordnung auf keiner rechtlichen Grundlage steht, weil weder die aktuellen Bürger noch irgendwelche Vorfahren eine Verfassung aus freiem Willen als Vertrag geschlossen hätten, übersehen sie, dass die Wirksamkeit auf der Macht des Faktischen beruht. Das kann logisch auch nicht anders sein, weil der Akt, der Recht ursprünglich stiften soll, selbst nicht auf Recht fußen kann, also nicht rechtlich sein kann.[32] Legitimation manifestiert sich informell und zeremoniell. Die Zustimmung bzw. die Legitimierung geschieht permanent durch das gesellschaftliche Leben selbst. Sie ist tradiert und tradiert sich fort. Der heutige Tag übernimmt die Ordnung von gestern und der morgige von heute. In die Gesellschaft treten fortwährend neue Menschen ein und aus; konstant bleiben die Struktur, die Form, die Handelnsregeln, die Ordnung. In historischer Dimension ist der gegenwärtige Staat durch Übernahme der Legitimität aus dem gestrigen Vorgängerstaat gerechtfertigt. Er steht in einer Verfassungsgeschichte. Oder der Ursprung der Legitimation ist ein gewaltsamer Sturz eines Tyrannen und die Gründung eines rechtlichen Staates, dem allgemeine Zustimmung widerfährt, von innen und außen. Die Legitimation realisiert sich fortwährend durch den Genuss der Vorzüge des Rechtsstaates, der relativen Sicherheit des inneren Friedens, der Möglichkeit, Gerichte anzurufen und durch die Teilnahme an Wahlen. Zur Legitimation ist kein förmlicher Verfassungsvertrag notwendig, wohl aber sind es Zeichen wie Flaggen und ein Name, ein Territorium und eine gemeinsame Umgangssprache. Kurzum, die öffentliche

---

32 Das wäre ein Zirkelschluss. Auch ein Gesellschaftsvertrag ist nur dann wirksam, wenn er durch die öffentliche Meinung getragen würde.

Ordnung hat solange Bestand, wie sie von den Bürgern getragen wird.

Frühere Staatsformen bezogen ihre Legitimität aus der Idee des Gottesgnadentums des Königs, die allgemeine Zustimmung erfuhr. Letztlich leitete sich diese Legitimation wiederum aus der Funktion des Führers in Krieg und Frieden ab, auf den ein Stamm oder ein Volk angewiesen war und sich in einem religiösen Stammesmythos ausdrückt. Das komplementäre Verhältnis von Führung und Gefolgschaft ist ein ursächlicher Tatbestand, das als tierisches Erbe übernommen wurde. An die Stelle des Mythos tritt in der modernen Gesellschaft die Verfassung, an die Stelle der absoluten Macht die Gewaltenteilung, an die Stelle des Absolutismus die Republik.[33] Die Souveränität der Bürger manifestiert sich in Wahlen zum Parlament, das die Regierung kontrolliert.

Gewaltherrschaft ist keine legitime Herrschaft, ihr fehlt die allgemeine Zustimmung. Es ist die Herrschaft eines Einzelnen oder einer Gruppe von Menschen gegen den Willen der anderen. Gewaltherrschaft bildet sich durch Revolution, Putsch oder durch Verfall der staatlichen Autorität. Der Verlust liberalen Bewusstseins führt zur Degeneration des Verfassungsstaates und in der Folge zu seiner Delgitimierung in der öffentlichen Meinung. Staat und Regierung erscheinen als rein willkürliche Einrichtungen, deren Beseitigung Recht und Pflicht jedes Bürgers ist.[34]

---

33 *res publica* = öffentliche Sache. Rechtsphilosophisch fasse ich darunter alle Staatsformen, bei denen die Regierung an eine Verfassung gebunden ist und von einem gewählten Parlament kontrolliert wird.

34 Vgl. Hayek: *Recht, Gesetz und Freiheit*, Tübingen 2003, 95. *„Die Bürgertreue aber, das Fundament dieser Souveränität, hängt davon ab, ob der Souverän gewisse Erwartungen betreffend den allgemeinen Charakter jener Regeln er-*

„Was wir menschliche Zivilisation nennen, war bis heute ein Fortschritt von der Zusammenarbeit aufgrund von hegemonistischen zur Zusammenarbeit aufgrund von vertraglichen Bindungen."[35] Die Durchsetzung des Verfassungsstaates ist eine Errungenschaft des langen Kampfes der Liberalen seit dem Ende der Glaubenskriege. Sie fällt historisch zusammen mit der Durchsetzung der freien Marktwirtschaft und ist mit ihr untrennbar verbunden. Die Republik bildet den Ordnungsrahmen für den Kapitalismus. Erst die freie Marktwirtschaft lässt die Menschen aus dem Herrschaftsverband heraustreten, gewissermaßen aus dem tierischen Erbe hierarchisierter Verbände, und zu einem freien Menschen werden, zu einem autonomen Individuum. Die Verbindung der Menschen in der freien offenen Gesellschaft beruht auf freiwilligen Verträgen, deren Erfüllung aber erzwingbar sein muss. Auch Freihandelsabkommen benötigen Institutionen wie staatliche und überstaatliche Gerichte sowie private Schiedsgerichte, um das Recht durchsetzen zu können. Die freie offene Gesellschaft erhebt sich aus der natürlichen Grundlage, dem Herrschaftsverband. Sie bildet einen eigenen Kosmos über diesem, aber nicht ohne ihn.

Die Idee des Anarchismus ist eine der Früchte dieses Menschheitsepochenwechsels. Er glaubt, auf Herrschaftsverbände ganz verzichten zu können. Er kann diese Illusion nur pflegen, weil es eine offene Gesellschaft gibt. Vor dieser Epochenwende wanderten die Wunschbilder der Menschen in paradiesischen Vorstellungen eines Jenseits. Anarchie ist die moderne Form des Paradieses.

---

füllen kann; sie wird sich verflüchtigen, wenn diese Erwartung enttäuscht wird. In diesem Sinne beruht alle Macht auf Meinung und wird durch diese beschränkt, wie dies am klarsten von David Hume erkannt wurde."

35 Ludwig von Mises: *Human Action*, Kap. XVIII.4.

Die Merkmale der Herrschaftsverbände

Doch die Herrschaftsverbände bleiben bestehen. Sie bilden den Unterbau, auf dem sich die freie Marktgesellschaft erhebt. Sie sind die natürliche Seite der Gesellschaft, während die freie und offene Ordnung die künstliche, die geistige ist.[36] Herrschaftsverbände (Familie, Stamm, Nation) verfolgen einen gemeinsamen Zweck und werden geführt (durch Eltern, Häuptlinge, Regierungen). Der Herrschaftsverband beruht in der Regel auf der Zustimmung der Mitglieder. Er ist nicht gleichzusetzen mit der systematischen Anwendung von Gewalt zur Brechung des Willens der Mitglieder. Er kann zur Gewaltherrschaft entarten, aber er ist genuin nützlich für alle Mitglieder und darum funktioniert er.

Beziehungen, bei denen zwei Partner sich ergänzen, heißen komplementär.[37] Käufer und Verkäufer, Mann und Frau, Lehrer und Schüler, Trainer und Mannschaft, Herr und Knecht, Häuptling und Indianer üben unterschiedliche Funktionen in ihren Beziehungen aus. Sie nehmen die Stellung ein, für die sie durch Fähigkeiten wie Alter (Jugend), Erfahrung (Unerfahrenheit), Wissen (Unwissen), Kraft (Schwäche), Zeugen (Empfangen) geeignet sind. Sie bilden eine Arbeitsteilung aus und profitieren voneinander. Immer führt die überlegene Seite, doch sie unterwirft nicht den Willen des Partners, sondern dient seinen Interessen und kann auf ihn nicht verzichten. Führung kann mehr oder weniger streng ausgeübt werden. Sie kann ganz zwanglos sein, weil der geführte Partner ein ungebroche-

---

36   Kant spricht in „Metaphysik der Sitten" davon, dass Recht den intellegiblen Menschen voraussetze. Vgl. dazu meine Schrift: *Klassischer Liberalismus. Die Staatsfrage – gestern, heute, morgen*, Norderstedt, 2014.

37   Vgl. Watzlawik.

nes Vertrauen hat. Zwang wird gegen Mitglieder ausgeübt, die Regeln brechen und damit den Bestand des Verbandes gefährden, wenn der Verband bestehen bleiben soll. Andernfalls kann die Bindung getrennt werden. Ausübung von Zwang und Gewaltherrschaft sind vollkommen verschiedene Dinge. Gewaltherrschaft ist instabil. Zwang im Rahmen einer legitimen Ordnung dient der Stabilisierung. Sie ist zustimmungsfähig und die Verantwortlichen können zur Rechenschaft gezogen werden, da die Ausübung von Zwang ein Recht ist, das mit Pflichten verbunden ist.

Herrschaftsverbände sind natürliche Gebilde, weil sie tierische Wurzeln haben. Familien bilden Horden, aus Horden werden Stämme, diese gründen Dörfer, Stämme schließen sich zu Völkern zusammen und bilden Nationen. Jedes Unternehmen, jede Vereinigung ist Herrschaftsverband. Im Zuge der Zunahme des gesellschaftlichen Verkehrs wächst die Komplexität der Gesellschaftsstruktur und es bilden sich komplizierte Hierarchien aus. Auch Hierarchien sind tierisches Erbe. Bei Tieren nennen wir sie Hackordnung. Der Neidinstinkt ist das Motiv, das die Rivalität befeuert, des Kampfes um den jeweils höheren Rang. Ein weiterer Instinkt ist die Unterscheidung von Wir und Nicht-Wir (ingroup-outgroup). Auf ihm basieren primitive Reflexe wie Rassismus, Sexismus, Patriotismus. Der Territorialinstinkt, der sich im Heimatgefühl ausdrückt, korrespondiert mit dem Ingroup-Outgroup-Verhalten. Auch die ganze Nation, der Staat ist Herrschaftsverband und muss es bleiben. Er ist die höchste und äußere Schale ineinander verschachtelter Verbände. Glücklich kann sich eine Nation nennen, die nicht pfeift und trommelt, sondern Vuvuzelas ertönen lässt. Wer Herrschaftsverbände abschaffen will, muss einen neuen Menschen schaffen.

Nur praxisferne elitäre Intellektuelle können solche utopischen Ideen ausbrüten. In ihrer Verstiegenheit gleichen sich die Idee des *Kommunismus*, alle menschlichen Verhältnisse nach dem kleingesellschaftlichen Prinzip (des Herrschaftsverbandes vom Typ der Familie) zu gestalten, und die Idee des *Anarchismus*, alle Herrschaftsverbände (kleingesellschaftliche Verbindungen) abzuschaffen. Herrschaftsverbände bilden sich aufgrund des menschlichen Instinkts spontan. Jedes menschliche Paar ist ein Herrschaftsverband (beruht aus komplementären Teilbeziehungen). Niemand kann einen neuen Menschen schaffen.

Der Begriff der Herrschaft

Herrschaft fußt ganz allgemein auf dem Vermögen eines Handelnden zur Verwirklichung seines Willens. Wenn sich das Vermögen auf Sachen bezieht, wird es Eigentum oder Besitz genannt. Wenn es sich auf andere Menschen bezieht, die freiwillig in die Handlung einwilligen, sprechen wir von Vertrag oder Recht. Wenn andere nicht freiwillig einwilligen, sprechen wir von Zwang. Herrschaft ist (in einer vorläufigen Annäherung an den Begriff) systematischer Zwangs innerhalb einer Gesellschaft, der durch eine Person, durch eine Gruppe von Personen oder durch ein politisches System über die anderen Gesellschaftsmitglieder ausgeübt wird. In dieser Bedeutung wird der Begriff Herrschaft allgemein verwendet.

Der Liberalismus hält, wie der Anarchismus, eine Herrschaft von Menschen über Menschen für ungerecht. Das ist die einzige wesentliche Gemeinsamkeit. Er kämpft jedoch für die Durchsetzung der Herrschaft des Rechts. Er sieht darin die Überwindung der Herrschaft des Menschen über den Menschen und die Grundlage für die Freiheit aller. Man kann auch sagen, die Herrschaft des Rechts ist streng genommen keine Herrschaft, weil sie alle Herrn und alle Untertanen gleichstellt. Im Rechtsstaat ist die Herrschaft von der Zustimmung des Volkes abhängig und durch Entzug der Zustimmung ablösbar. Dafür bedarf es indes keiner formellen Zustimmung neuer Bürger, da sonst keine Verfassung zustande kommen könnte – schließlich werden jeden Tag Kinder geboren. Der Wert der Demokratie ist vor allem die Möglichkeit, Regierungen unblutig abzusetzen, also Wandel unter Beibehaltung der Regeln zu ermöglichen. Die Mitwirkung einer Vielzahl von Menschen an der Gestaltung öffentlicher Belange im politischen Prozess ist eine der Bedingungen einer offenen klassenlosen Gesellschaft und eines unblutigen Regierungswechsels.

Recht ist das Zusammengehen freier Menschen in einer Gemeinschaft nach dem Gesichtspunkt der rechtlichen Gleichheit. Der Liberalismus glaubt, dass dies möglich ist, weil das Leben in einer Gesellschaft existenziell notwendig ist. Aus dieser Notwendigkeit ergibt sich das übergeordnete Interesse der Bewahrung der Gesellschaft vor der Zersetzung. Selbst eine Diktatur wäre einem Zerfall in Bürgerkriegsparteien vorzuziehen.

Gegensatz: Stellung zur Herrschaft

Die Liberalen halten Herrschaft für eine unverzichtbare Grundbedingung für das Bestehen von Gesellschaften. Die Ausübung von Zwang im Herrschaftsverband dient zur Aufrechterhaltung der Gesellschaftsordnung. Würde sie aufgegeben, würde die Leitung fehlen, der gemeinsame Zweck sich zersplittern, würde die Gesellschaft in Teile zerbrechen, die sich voneinander entfernen oder in vielen Fällen auch gewaltsam bekämpfen. Der Rechtsstaat als oberste Entscheidungsinstanz greift ein, wenn eigensüchtiges Verhalten alle schädigt. Wenn streitende Parteien sich auf keinen Vertrag einigen können und damit keine Regelung möglich ist, obwohl eine Lösung für alle, auch die sich verweigernden Parteien nützlich ist, kann der Staat als Schlichter und Konfliktlöser eingreifen und einen gerechten Vertrag für alle einsetzen, bei dem alle gewinnen, ohne etwas zu verlieren.

Die Anarchisten glauben nicht an die Möglichkeit einer übergeordneten Rechtsordnung. Für sie ist die Herrschaft des Rechts tatsächlich eine verkappte Herrschaft von Menschen über Menschen, eine Hierarchie. Sie negieren den liberalen Rechtsbegriff und kennen nur ein Recht, das Recht auf Selbsteigentum. Daraus leiten sie die Möglichkeit ab, mit anderen Verträge einzugehen. Alle gesellschaftlichen Verhältnisse seien durch Verträge, die der persönlichen Zustimmung unterliegen, zu regeln. Es feststehendes objektives Recht kennen sie nicht.[38]

---

38   *„Aber eine Rechtsordnung ist etwas anderes als ein ‚Rechtsstaat' oder eine ‚demokratische Rechtsverfassung'. Die Ideen ‚Staat' bzw. ‚Demokratie' und ‚Recht und Rechtssicherheit' sind logisch unvereinbar. Der (demokratische) Staat ist dadurch definiert, dass er Unrecht begehen und Enteignungen vornehmen darf. Staatliches Recht ist immer pervertiertes Recht. Was eine Gesellschaft tatsächlich braucht, um Recht und Ordnung aufrechtzuerhalten und für ‚klare Verhältnisse' zu sorgen, ist kein Staat und keine Demokratie, sondern eine Privatrechtsordnung."* Hoppe, a.a.O., 39.
Es ist unmöglich, Recht losgelöst von gesellschaftlichen Traditionen zu definieren. Die hoppesche Ableitung aus dem metaphysischen Begriff des Selbsteigentums ist ein Zirkelschluss. Wenn Selbsteigentum Recht begründet, muss es selbst rechtens sein. Andernfalls handelt es sich beim Selbsteigentum um ein

Da der Rechtsstaat nur der allgemeine Rahmen der Gesellschaft und daher nicht von der Gesellschaft zu trennen ist, ist die Ablehnung des Rechtsstaates gleichbedeutend mit der Ablehnung des gesellschaftlichen Verbunds. Folglich arbeiten die Anarchisten an der Zersetzung der Gesellschaft. Da nach ihrem Standpunkt in allen Gesellschaftsformen Herrschaft (über Menschen) ausgeübt wird, lehnen sie jede Form von Gesellschaft, auch die liberalen Rechtsordnungen ab. Jede Handlung einer Regierung und jedes Gerichtsurteil, selbst im liberalsten Staat, ist für sie Ausdruck von Herrschaft und Unrecht. Für sie kommt nur eine Gesellschaft in Betracht, der sie freiwillig beitreten und die sie verlassen können. Aber die Menschheit hat alle Siedlungsräume in Gesellschaften verwandelt. Wir treten nicht in die Gesellschaft ein, wir werden in sie hineingeboren. Niemand kann die menschliche Gesellschaft verlassen, außer durch den Tod. Das Leiden der Anarchisten, dass es das herr-

---

Axiom, eine willkürliche Setzung. Die Idee der Privatrechtsgesellschaft kennt logischerweise nur Privatrecht, also Verträge. Es gibt dann kein öffentliches Recht, das die Grundlage und den Rahmen für die Verträge abgibt. Damit aber begründen sich diese aus sich selbst, m. a. W. sie sind willkürlich. Unter diesen Voraussetzungen wären Verträge zu Lasten Dritter nicht als Unrecht zu definieren. Unrecht von Verträgen muss logisch aus einem übergeordneten Prinzip abgeleitet werden, was nichts anderes ist als eine Definition von „Recht". Wo aber verankert sich Recht, wenn es nur die Willkürakte der Einzelnen gibt? In einer eindimensionalen Welt kann es kein Recht geben. Es ist die Welt der Tiere, die keine Gesellschaften gründen können, sondern im erbitterten Streit um die Ressourcen gegeneinander kämpfen. Eine Privatrechtsgesellschaft ist die Rückkehr zur Natur. Die Begründung der These, dass Demokratie Unrecht sei, leitet der Autor aus der Erfahrung ab.
Über die Unmöglichkeit, aus der gesellschaftlichen Erfahrung Gesetze abzuleiten, vgl. Ludwig von Mises: *Theorie und Geschichte. Eine Interpretation sozialer und wirtschaftlicher Entwicklung*, München 2014, 229 und 232 und zahlreiche weitere Stellen in seinen weiteren Werken. Ideengeschichtlich steht Hoppe auf dem Niveau des Rationalismus vor Entstehung der liberalen Aufklärung.

schaftsfreie Land Nirgendwo nicht gibt, in das sie umsiedeln können, um ihre Ideale zu leben, ist ein Zeichen ihrer Verstiegenheit.

Gegensatz: Gesellschaft als ideeller Ausgangs- oder Endpunkt

Der Liberalismus argumentiert, dass die Menschen Mängelwesen sind und daher in Gemeinschaft leben. Schon unsere tierischen Vorfahren mussten in Gemeinschaften leben, um sich biologisch zu Menschen entwickeln zu können und nahmen ihr biologisches Erbe, ihre Triebe und Instinkte mit in die menschliche Gesellschaft. Jeder Einzelne wird in die Gesellschaft hineingeboren. Das Neugeborene geht eine symbiotische Verbindung mit der Mutter ein (Klein-Gesellschaft) und diese ist bereits Mitglied der (Groß-)Gesellschaft. Gesellschaft ist ein Komplex[39] von kleingemeinschaftlichen Gruppen, die Obergruppen bilden. Das Bestehen einer Gruppe ist an bestimmte Regeln gebunden, ohne die sie sich zersetzen würde. Die Regeln sind eine objektive Notwendigkeit zum Überleben für alle Gruppenmitglieder, die ohne die Vergesellschaftung nicht existieren können. Es ist daher für jeden existenziell notwendig, die Regeln der Gruppe anzuerkennen. Recht ist immer historisch und gesellschaftlich und geht aus langjährigen Konvention hervor. Der Rechtsbegriff ist außerhalb von gesellschaftlichen Bezügen inhaltsleer. Es gibt kein Naturrecht, nur Gesellschaftsrecht. Da-

---

39 Komplex bedeutet, dass es keine einfache Schachtelung ist. Jeder Mensch ist zugleich Mitglied mehrerer Gruppen und seine Interessen können widersprüchlich sein. Jede Gruppe hat eigene Regeln und ist den Regeln der übergeordneten Komplexebene unterstellt. Das gesamte Regelsystem ist nicht konsistent und evolviert. Vgl. Hayek: *Recht, Gesetz und Freiheit*, Tübingen 2003, Kap. 7, insb. 174 ff.

her ist der Begriff des „*Selbsteigentums*" keine rechtliche Idee, sondern ein Mythos. Und auch die Freiheit des Menschen muss gewahrt und durchgesetzt werden, wozu es Konventionen, Recht und erzwingbares Gesetz geben muss, folglich eine Gesellschaftsordnung. Der Rechtsstaat ist der allgemeine Regelrahmen der Gesellschaft. Für die Liberalen dient der Staat dem Funktionieren der Gesellschaft. Ausgangs- und Bezugspunkt aller Überlegungen ist aber stets der einzelne Mensch in seiner sozialen Gebundenheit. Er hat sich spontan über eine jahrtausendelange Geschichte herausgebildet, weil er den Menschen nützt.

Anarchisten begründen die Nichtrechtmäßigkeit von Herrschaft aus einem naturrechtlichen Standpunkt. Der Ansatzpunkt ist die Idee eines Menschen, der unabhängig von seiner wirklichen Lage, quasi von Natur aus das Recht zur Selbstbestimmung hätte. Es ist im Kern eine metaphysische Argumentation, die sich an die historische Wurzel des Naturrechtsdenkens (Grotius' Begriff der natürlichen Religion) eng anlehnt, nämlich an christlich-theologische Auffassungen; es ist eine Spielart deistischer Theologie, ein Mythos.[40] Daraus folgt, dass es kein Verfahren gibt, das die Anwendung von Zwang rechtfertigen könne. Zwang sei immer Unrecht. Der Anarchist muss daher alle Gesetze ablehnen, denen er nicht selbst zugestimmt hat. Alle rechtlichen Verhältnisse, denen er nicht ausdrücklich

---

40 Die Idee der „unveräußerlichen Rechte" und die Idee der „Naturrechte" sind nicht dasselbe. Naturrechte behaupten, dass Rechte mit der Geburt quasi inkorporiert gegeben sind. Man spürt hier noch die Herkunftsidee des Naturrechtsdenkens aus der „Gottesgnade". „Unveräußerliche Rechte" sind Grundbedingungen für die Möglichkeit von Gesellschaften überhaupt. Sie stiften die einzige Ordnung, die stabil ist, nämlich die, bei der zusammenarbeitende Menschen sich wechselseitig als gleichwertige Partner anerkennen, die gleicherweise frei sind und Mein und Dein respektieren.

zustimmt, sind für ihn ungültig. Der Anarchist ist nicht in der Lage zu erklären, wie die Menschen ursprünglich die Gesellschaft bildeten. Da niemals alle Menschen gleicher Meinung in allen gesellschaftlichen Fragen sind, gibt es überhaupt keine Möglichkeit, ein allgemein verbindliches Recht und damit eine zusammenhängende Gesellschaft über einen Vertrag zu stiften. Er muss also zu Mythen greifen, die scheinbar erklären, dass Menschen ursprünglich in einen Staat gezwungen wurden, etwa durch Usurpation. Anarchisten geraten dabei in einen infiniten Regress. Wie kamen die Usurpatoren zum Staat?

Gegensatz: Legitimität

Der Liberalismus sieht den demokratischen Staat als legitim an. Legitimität bedeutet zustimmungs- respektive anerkennungsfähig und damit rechtmäßig. Die Anerkennung der Legitimität von Herrschaft ist eine unabdingbare Voraussetzung für das Funktionieren der Gesellschaft. Deren Funktionieren wiederum ist der Grund für die Anerkennung. Es ist ein wechselseitiges Nutzenverhältnis. Für Liberale ist der Staat nützlich, und er soll stark sein, stark als Schutz von Recht und Ordnung.

Da die Anarchisten Herrschaft prinzipiell ablehnen, kann sie aus ihrer Sicht durch kein Verfahren legitimiert werden. Darum ist jedes anerkannte Legitimationsverfahren für sie wertlos. Für sie ist der Staat der Feind, den es zu vernichten gilt. Sie schießen mit ihrer Kritik an berechtigten Missständen und Missgriffen des Staatsapparates weit über das Ziel hinaus. Ihre Propaganda zielt faktisch auf die Delegitimierung jedes Staates. Demokratie sei ein *„Wettbewerb der Gauner"*. Wir erinnern uns, dass die Extremisten der Weimarer Republik den

Reichstag als Schwatzbude verhöhnten. Anarchismus ist eine extremistische Ideologie.

Feindschaft in Kernfragen

Die liberale Idee des Rechtsstaates ist ein historischer Wendepunkt. Er beendet die Herrschaft des Menschen über den Menschen und leitet zu einer neuen Epoche über. Dieser Prozess ist noch immer lebendig und unabgeschlossen. Er ist auch immer gefährdet. Doch noch immer lebt der Westen in der Epoche des Rechtsstaates, dessen Gefährdung durch ein Nachlassen des liberalen Denkens verursacht ist.

Am Erfolg dieser historischen Leistung haben die Anarchisten kein Verdienst. Sie waren von ihren frühesten Anfängen immer in Opposition zum Liberalismus und dem Kommunismus verwandt. Ihr bedeutendster Theoretiker, Bakunin, hielt revolutionäre Gewalt auch gegen liberale Regierungen für gerechtfertigt. Geheimpolizei unterwanderte ihre Reihen und lenkte sie. Ihre Gewaltexzesse brachte den inneren Frieden immer wieder in Gefahr und damit auch den Bestand des Rechtsstaates.[41] Auch wenn wir den Anarchokapitalisten die Verbre-

---

41   Die Anarchisten Hödel und Nobiling verübten am 11. Mai und am 2. Juni 1878 Attentate auf den Deutschen Kaiser. Die Schuld wurde der Sozialdemokratie angelastet. In zwei Monaten wurden 521 Personen zu 812 Jahren Gefängnis wegen Majestätsbeleidigung verurteilt. Siehe Wolfgang Bock: Terrorismus und politischer Anarchismus im Kaiserreich, in: Hans Dieffenbacher (Hg.): *Anarchismus*, Darmstadt, 1996, 149. Die anarchistischen Zellen dieser Periode waren von Polizeispitzeln durchsetzt. Ebd., 154. Die anarchistischen Terrorgruppen in den 1970er-Jahren waren durch V-Leute infiltriert und wurden wenigstens teilweise von der Stasi gelenkt.
Siehe: https://de.wikipedia.org/wiki/Rote_Armee_Fraktion
und http://www.bstu.bund.de/DE/Wissen/Aktenfunde/RAF/raf_node.html. In heutiger Zeit sind die Anarchisten für die Putinpropaganda interessant. Ich

chen ihrer Glaubensgenossen nicht anlasten dürfen, so muss doch festgestellt werden, dass sie gleicherweise Hass und Verachtung gegen die Demokratie verbreiten.[42]

Gegensatz: Mitgestaltung der gesellschaftlichen Verhältnisse vs. Fundamentalopposition

Liberale sehen Regeln und Gesellschaften als veränderbar. Sie halten ein Verfahren zur Veränderung der Regeln für unverzichtbar, bei der die Gesellschaft nicht zerstört wird. Das heißt, sie lehnen alle revolutionären Eingriffe ab.

Die absolute Ablehnung von Herrschaft läuft auf eine Zerstörung der Gesellschaft hinaus. Es ist praktisch unmöglich, bei einer Stunde Null zu beginnen. Es gibt immer nur Weiterentwicklung. Die Veränderung der Verhältnisse setzt aber die Anerkennung der Regeln voraus. Die Liberalen sehen die Möglichkeit, durch Reformen Freiheitsgrade zu erweitern. Sie können konstruktiv am politischen Leben teilnehmen. Sie bewerten auch kleine Erfolge positiv. Sie können Fortschritte erkennen und anerkennen. Sie wissen, dass es niemals ideale Verhältnisse geben kann. Daher sind sie vom Geiste her optimistisch und konstruktiv.

---

halte die Informationsquellen, die die Empörung der meist jungen Anarchisten anheizen, für verdächtig, vom russischen Geheimdienst instrumentalisiert zu werden.

42   „Natürlich ist die Demokratie, ob direkt oder indirekt, eine Form des Kommunismus." Hoppe, a.a.O., 29. Siehe auch Kap. I und II der Schrift. Dem Autor scheinen die Auffassungen der liberalen Denker nach Hobbes, namentlich Locke und Hume, nicht bekannt zu sein oder sie nicht akzeptieren wollen. Vgl. meine Schrift zum Klassischen Liberalismus, insbesondere die Kapitel zu Hume, Locke und Kant.

Die Anarchisten sind aus ihrer Denkweise heraus dazu gezwungen, alles abzulehnen, was der Staat in Gesetze fasst. Sie müssen auch alle neuen Gesetze ablehnen. Jede Ordnungen, der sie nicht explizit zugestimmt haben, ist für sie Zwang, jede Ampel eine Kränkung. Daher können sie nicht konstruktiv am politischen Leben teilnehmen. Sie können nur eine Fundamentalopposition bilden. Sie können auch keinen Fortschritt erkennen, der die Freiheitsgrade der Bürger erhöht, wenn er gleichzeitig den Staat festigt. Sie müssen zerstören, um zum Ziel zu gelangen.

Gegensatz: Politisches Handeln vs. Sektierertum

Die Anarchisten befinden sich in dem Dilemma, dass sie die Möglichkeit, politisch zu handeln, ablehnen, aber dennoch die Verhältnisse verändern wollen. Politisch handeln heißt, Mehrheiten gewinnen oder eine Gewaltherrschaft errichten. Um politische Mehrheiten zu gewinnen, müssten sie am politischen Prozess teilnehmen. Diesen lehnen sie aber als Ausdruck von Herrschaft ab. Sie können die Zustände beklagen, mehr nicht. Typisch ist ihr Rückzug in Sekten, ein Leben in Kommunen oder der Ausbruch zur *action direct,* zur Zerstörung und zum Terror. Eine Form ihres Eskapismus ist das Liebäugeln mit dem Separatismus. Aber auch dann stellen sich in der separierten Gemeinschaft alle Fragen, die das Zusammenleben von Menschen betreffen. Der Eskapismus ist nur ein Zwischenschritt und lenkt vom eigentlichen Problem ab.

Die Liberalen wirken auf die öffentliche Meinung ein. Sie wissen, dass dies die Instanz ist, die letztlich über den Ordnungsrahmen, über die Leitbilder und über die Tendenz entscheidet. Sie lehnen Destruktion in der politischen Auseinandersetzung ab. Der Liberalismus wirkt indirekt auch über die politischen Parteien, in denen seine Ideen fruchtbar sind, direkt am Machtausübungsprozess mit. Liberale sind autonom denkende und handelnde Individuen. Zeitlose Ideen und Erkenntnisse des Liberalismus immer wieder ins Bewusstsein zu rufen und sie für die politische Praxis nutzbar zu machen, ist eine Daueraufgabe für Liberale, die sich für eine Annäherung an die Ideale einsetzen, ohne dem Zeitgeist zu huldigen

Gegensatz: Extremismus vs. Ausgewogenheit

Ihr Mangel an Strategie, ihre Fundamentalopposition in Verbindung mit der chronischen Verzweiflung an den als ungerecht empfundenen Verhältnissen erklärt die Neigung vieler Anarchisten zum Extremismus in Worten und Taten. Es ist kein Zufall, dass der politische Terrorismus ein Kind des Anarchismus ist. Da sie niemals eine Mehrheit erreichen können, aber auch nicht passiv sein können, sehen einige darin einen Ausweg. Sie fallen damit zwar ihrem hohen moralischen Anspruch der Gewaltfreiheit in den Rücken. Doch entwinden sie sich diesem Dilemma durch ein elitäres Argument. Sie behaupten, dass sie durch was auch immer die tieferen Einsichten in die Wahrheit gepachtet haben und weit über den Massen stehen, die sie verachten. Das elitäre Selbstbewusstsein tröstet sie über ihre Tatenarmut hinweg oder rechtfertigt den Exzess, bei dem die Opfer als wertlos betrachtet werden. Anarchismus tendiert zum Zynismus und Nihilismus. Der erste bekannte Denker ihrer Richtung, Diogenes von Athen, wird als Kyniker bezeichnet.

Der Liberalismus lehnt die Anwendung von Gewalt nicht prinzipiell ab. Er hält die Ausübung von Gewalt durch den

Staat für gerechtfertigt, wenn sie sich gegen die Feinde der freien Gesellschaft richtet und der Erhaltung der Rechtsordnung dient, nach innen und nach außen. Die Anwendung individueller Gewalt hält er dagegen in keinem Fall für legitim, außer zur Notwehr.

Gegensatz: Verteidigung vs. Isolation

Da jede Verteidigung Staatspolitik ist, sind Anarchisten nicht in der Lage, die militärische Verteidigung zu rechtfertigen, ohne gleichzeitig den Staat zu rechtfertigen. Für sie kommt allenfalls der Einsatz einer Miliz in Frage. Sie vertreten daher einen isolationistischen Standpunkt, sie streben nach Neutralität und Lösung aus dem Verteidigungsbündnis. In ihrer Naivität liefern sie dadurch ihre Nation dem Feind aus.

Der Liberalismus hält die äußere Verteidigung für unumgänglich und legitim. Er sucht das Verteidigungsbündnis und lehnt jeden Angriffskrieg ab. Er vertritt die Integration der Staaten in ein freiheitliches Bündnis zu gegenseitigem Vorteil, zur Durchsetzung des Rechts und zur Erhaltung des Friedens.

Gegensatz: Recht vs. Selbstjustiz

Wo es kein Recht gibt, gibt es auch keine Richter. Damit entfällt in einer anarchistischen Utopie die Möglichkeit der friedlichen Beilegung von Konflikten, das heißt von Streitfällen, bei denen sich die Streitparteien nicht einigen können. Jeder ist gezwungen, selbst sein „Recht" durchzusetzen, das heißt Selbstjustiz auszuüben. Auch die sogenannten Sicherheitsgesellschaften sind nur Erweiterungen der Selbstjustiz. Die Rechtsordnung fällt in den Zustand ungeregelter Gewaltverhältnisse zurück.

Der Anarchismus ist gezwungen, die Möglichkeit von Konflikten in seiner Utopie zu leugnen.

Der Liberalismus hat mit dem legitimen Rechtsstaat eine zivilisatorische Grundlage. Eine friedliche Konfliktlösung ist gerade im Rahmen einer allgemein anerkannten und gültigen (d.h. durchsetzbaren) Rechtsordnung möglich. Sie ist privatrechtlich für zwei einzelne Menschen direkt möglich oder kann durch Schiedsgerichte erfolgen, gerade weil die Möglichkeit besteht, bis zur letzten Instanz einer gegebenen Rechtsordnung zu gehen. Es sei noch einmal betont, dass liberales Recht aus Konventionen erwächst und nicht von Herrschern oktroyiert wird.

Gegensatz: Differenzierende vs. simplifizierende Analyse

Die Sichtweisen prägen die Bilder der Zeitgeschichte und verzerren sie. Wo der Staat in allen Formen der Feind ist, muss er so stark wie möglich geschädigt werden. Daher richtet sich der Anarchismus konsequent am stärksten gegen den eigenen Staat. Er interpretiert alle seine politischen Aktivitäten negativ. Alle Maßnahmen dienen in seinen Augen der Befestigung und Ausweitung der Herrschaft. Dabei verirrt er sich bisweilen in wahnhafte Verschwörungstheorien[43]. So kann er beispielsweise nicht erkennen, dass osteuropäische Staaten in die EU wol-

---

43   Ein Beispiel ist der Mythos der „neuen Weltordnung (NWO)". Nach dem Vorbild von Hitlers Weltmachtplänen, die tatsächlich gehegt wurden, wird von Anarchisten angenommen, dass eine geheime Verschwörung der mächtigsten Menschen seit Jahrzehnten weltweit auf eine einheitliche Weltregierung hinarbeite. In starkem Verdacht stehen die Organisatoren der Bilderberg-Konferenzen. Der Mythos erklärt alle Gegensätze zwischen staatlichen Mächten (CIA, KGB usw.) zum bloßen Schein. Er erlaubt eine extrem simple Deutung zeitgeschichtlicher Vorgänge für alle, die bereit sind, auf Differenzierungen und die Verwendung ihres Verstands zu verzichten.

len, weil sie sich davon einen Nutzen versprechen, weil die EU, der eigene „Staat", das Böse ist. EU-Erweiterung ist in ihrer Sicht Expansionismus, ist Imperialismus. Die simplifizierende Analyse führt den Anarchismus an die Seite des äußeren Feindes, in diesem Fall an die Seite Russlands, das die Denkschemata des Anarchismus mit Scheinargumenten bedient.

Der Liberalismus als eine maßvolle und realistische Ideologie sieht die Widersprüchlichkeit der Verhältnisse, die Vermengung positiver und negativer Elemente. Er sieht auch negative Tendenzen, denn bei allem Optimismus ist er kein Anhänger des Meliorismus (des unkritischen Fortschrittsglaubens.) So kritisiert er beispielsweise die illiberalen Tendenzen der EU, er erkennt aber auch, dass Freiheit, Recht und Wohlstand unter russischer Flagge noch geringer sind.

Die innere Widersprüchlichkeit der Idee des Libertarismus

Es gibt keine Thematik, in der Anarchismus und Liberalismus sich verständigen können. Sie können nur zufällige Überschneidungen konstatieren, doch ihre Ziele sind diametral entgegengesetzt. Der Anarchismus will die Gesellschaft zersetzen, der Liberalismus will sie in freiheitlicher Weise ausgestalten. Der Liberalismus hält die Demokratie und den Rechtsstaat für einen hohen Wert, der Anarchismus verunglimpft sie. Der Liberalismus anerkennt die Notwendigkeit eines Zwangsapparates, der Anarchismus bekämpft ihn. Der Liberalismus ist bereit, seine Freiheit zu verteidigen, der Anarchismus schert sich nicht darum und verteidigt die Gegner seines eigenen Staates. Beide Ideologien stehen sich feindlich gegenüber und bekämpfen sich.

Der *Libertarismus* in Deutschland[44] darf nicht mit *klassischem Liberalismus* verwechselt werden. Er ist eine politische Strömung am rechten Rand des Parteienspektrums, die ihrem Selbstverständnis nach versucht, Anarchismus und Liberalismus zusammen zu führen. Doch ist eine solche Vereinigung, wie gezeigt, undenkbar. Sie geht auf Kosten einer der beiden Seiten. Der Libertarismus muss sich entweder zum Anarchismus oder zum Liberalismus wandeln. Tatsächlich führt er in Deutschland extreme Rechte und Linke unter dem Zeichen der Staatsfeindschaft zusammen oder wird an seinen inneren Widersprüchen zugrunde gehen.

Können Anarchismus und Liberalismus gemeinsam für gleiche Ziele kämpfen?

von Helmut Krebs

In meiner Untersuchung über die unüberwindlichen Gegensätze der beiden Ideologien blieb die Darstellung der Gegensätze weitgehend abstrakt. Ich will anhand von konkreten Themenbereichen und praktischen Einzelfragen meine Behauptung verdeutlichen. Die Darstellung der Positionen ist typisierend.

---

44   Die begriffliche Verwirrung der Bezeichnungen kommt von der Verwendung des Begriffs „*liberal*" für die Demokratische Partei der USA, die aber nicht klassisch liberal ist, sondern eher der deutschen Sozialdemokratie ähnelt. In den USA nennen sich die klassisch Liberalen zuweilen *libertarians*, um sich davon zu unterscheiden. Diese Bezeichnung wählen aber auch einige Anhänger anarchistischer Ideen. Ich halte es für vorteilhaft, am Begriff des Liberalismus festzuhalten, auch wenn er von vielen Kräften für sich reklamiert wird, die in ihrem Wesenskern antiliberal sind, und nicht die amerikanische Terminologie zu importieren.

Thema	Anarchismus	Liberalismus
Zielstellung	auf ideale Welt bezogen (utopisch)	auf die reale Welt bezogen (visionär)
Recht	Naturrecht, Selbsteigentum	Konventionen, Recht, Gesetze
Moral	deontologisch	konsequentialistisch
Staat allgemein	abschaffen	Sicherung der res publica, Gewaltenteilung, Unabhängigkeit der Gerichte, Verfassung, unveräußerliche Grundrechte (Freiheit und Eigentum); freie, allgemeine, geheime und gleiche Wahlen, Redefreiheit
Gesellschaft	dagegen; Verträge statt Recht, keine *res publica*	dafür; Bürgergesellschaft, pluralistisch, offene Gesellschaft (Popper)
Verfassung (Grundgesetz)	dagegen; ist Unrecht, weil sie den Staat begründet; muss bekämpft werden	dafür; ist nützlich zur Schaffung und Erhaltung einer Rechtsordnung, kann und muss verbessert werden
Aggression	Anti-Agressionstheorem, Sicherheitsdienstleister	Gewalt einhegen durch Monopolisten, der intensiver Kontrolle unterliegt
Herrschaft	wird verstanden als Macht zu zwingen und Perzeption des permanenten Gezwungenwerdens	Herrschaft benötigt Legitimität (Max Weber), Herrschaft – Macht – Zwang sind unterschiedliche Begriffe
Nationalstaat	dagegen; betreibt Separatismus	dafür; historische Errungenschaft, toleriert Separatismus auf der Grundlage ethnischer Gesichtspunkte
Sezession	grundsätzlich und bedingungslos dafür	nur in begrenztem Maße als landsmannschaftliche Abspaltung eines Territoriums

Thema	Anarchismus	Liberalismus
Staat als Zwangs- und Gewaltapparat (Polizei, Staatsanwaltschaft, Gefängniswesen, Gerichte)	dagegen; ist das Böse schlechthin	dafür; notwendig zur Verhinderung von Rechtsbrüchen, zum Schutz der Bürger vor Kriminalität, zur Unterdrückung von gewaltsamen Umstürzen
bewaffnete Streitkräfte	dagegen; müssen als Machtbasis des Staates bekämpft werden	dafür; sind notwendig zur Verteidigung des Landes nach außen
Bürgerbewaffnung	generell dafür	unter den heutigen Bedingungen in Deutschland dagegen
Nato	dagegen; Ablehnung, da Gewaltapparat, anti-amerikanische Vorbehalte; isolationistische Haltung	dafür; Zustimmung zum transatlantischen Verteidigungsbündnis als einzig realistischer Möglichkeit, präventive Politik
Geheimdienste	dagegen; Geheimnisverrat ist gut	dafür; Geheimnisverrat ist strafbar
Sicherheitsunter-nehmen	dafür als privater Dienstleister	nur begrenzt in der Übernahme von Teilen öffentlicher Aufgaben
Europäischer Einigungsprozess (EU)	grundsätzlich dagegen; Verunglimpfung der EU als EUdSSR; die EU mit dem totalitären Sowjetsystem gleichsetzen, muss bekämpft werden	Präferenz für Freihandel und Freizügigkeit, nicht grundsätzlich dagegen, Kritik an Bürokratie und Interventionismus, an der Aushöhlung nationaler Souveränität
Steuern	dagegen; sind Diebstahl, nur freiwillige Zahlungen rechtens, Steuerhinterziehung ist gut	dafür; sind notwendig und rechtlich, sofern Bedingungen eingehalten werden, müssen deutlich gesenkt werden, Steuerhinterziehung ist strafbar

Thema	Anarchismus	Liberalismus
Enteignungen (etwa Grundstücksverlegungen zum Straßenbau)	unzulässig; nur freiwillig rechtens	zulässig; bei Entschädigung und starkem öffentlichen Interesse
öffentliche Güter (Infrastruktur, Bildungswesen)	dagegen; nur private sind zulässig	auch staatliche sind zulässig, müssen so weit wie möglich privatisiert werden
Daseinsvorsorge (Krankenkassen, Rentenkassen usw.)	nur private Regelungen sind zulässig	gesetzliche Regelungen sind zulässig, individuelle private Vorsorge soweit wie möglich
Armenpflege	nur private Regelungen sind zulässig	gesetzliche Regelungen sind zulässig
Freihandelsab-kommen, TTIP	dagegen	dafür
Israel	keine Meinung, geht uns nichts an	Unterstützung des Rechts auf einen eigenen Staat und Hilfe bei der Verteidigung gegen die arabische und islamistische Bedrohung
Ukraine-Konflikt	im Griff des EU-Expansionismus	unter Bedrohung durch russischen Expansionismus

Diese Beispiele zeigen, dass die Positionen diametral gegensätzlich sind. Selbstverständlich sind die Meinungen der einzelnen Anhänger und Untergruppierungen differenzierter. Es gibt Übergänge und Abstufungen in beiden Lagern. Doch die gegensätzlichen Ideologien erzeugen unvermeidlich gegensätzliche und unüberwindliche Standpunkte in sehr vielen politischen Fragen.

Die Abschaffung des Staates ist das alles überragende Ziel und der Weg für den Anarchismus. Der Staatsbegriff wird undifferenziert als monolithische Einheit verwendet. Der Liberalismus unterscheidet zwischen dem Staat als Gewalt- und Zwangsapparat, dem Staat als Rechtsordnung, dem Staat als Nation und Verfassungsgemeinschaft, dem Staat als zentrale Steuerungsinstanz für ökonomische und gesellschaftliche Prozesse usw. Weniger Staat, weniger Planwirtschaft, weniger Bürokratie und mehr Selbststeuerung, mehr persönliche Freiheit und mehr Markt, dafür können Liberale Angebote machen. Anarchisten bleiben diesbezüglich stumm. Sie haben eine dichotome Weltsicht: hier der Einzelne, dort der Staat. Der Einzelne ist heilig, der Staat ist böse und muss in jeder Erscheinungsform bekämpft werden. Nicht nur das ideale Design der Welt, sondern auch das Hinarbeiten auf eine bessere trennt beide. Den Anarchisten fehlen Instrumente, um die Kooperation und die Kultur, die eine Bürgergesellschaft ausmacht, zu vermitteln. Der Liberalismus unterscheidet zwischen Staat und Gesellschaft, zwischen Großgesellschaft und Kleingesellschaft, zwischen Marktfreiheit und Herrschaftsverband, zwischen öffentlicher und privater Sphäre der Individuen, zwischen Recht und Moral und untersucht die komplexen Wechselbeziehungen zwischen diesen Systemen. Der Liberalismus entdeckt die mit dem Fortschreiten der Arbeitsteilung zunehmende Komplexität der Weltgesellschaft. Der Anarchismus strebt nach Reduktion und Vereinfachung, nach einer Utopie freier Einzelner, die untereinander nur durch freiwillige und kündbare Verträge verbunden sind.

Es ist eine Illusion zu glauben, dass die beiden Strömungen grundsätzlich kooperieren könnten. Übereinstimmungen sind eher zufällig und tragen kein festes Bündnis. Wo die Anhänger Zusammenarbeit suchen, durchkreuzen die ideologischen

Sichtweisen die Absichten. Beide Strömungen befinden sich wegen der ideologischen Divergenzen nicht auf einem gemeinsamen Weg zum gleichen Ziel, auf dem die eine früher aussteigen will als die andere und auf dem die Unterschiede in die Zukunft vertagt werden können. Die Unterschiede brechen in allen konkreten Fragen hier und heute auf. Die Auseinandersetzungen der Anhänger sind häufig aggressiv und feindselig und eskalieren zu persönlichen Angriffen. Die Divergenzen zwischen Anarchismus und Liberalismus sind nicht kleiner als die zwischen Ökologismus oder Sozialismus einerseits und dem Liberalismus andererseits.

TEIL C · STIMMEN VON LIBERALEN

Die Position Ludwig von Mises'

von Helmut Krebs[45]

Der Anarchismus geht davon aus, dass Gewalt und Herrschaft hauptsächlich vom Staat ausgeübt wird. Die Gewalt, die von Einzelnen oder Gruppen von Einzelnen ausgeübt wird, lässt sich ohne staatlichen Zwangsapparat befrieden. Wird dieser abgeschafft, besteht die Chance, dass alle Menschen dauerhaft friedlich miteinander in Gemeinschaft leben.

---

45 Erweiterte Replik aus: Helmut Krebs: *Klassischer Liberalismus*, Norderstedt, 2014, 156–161.

Dieser Lehre liegt die Annahme zu Grunde, dass Menschen von Natur aus gut sind (Rousseau) und sie durch die gesellschaftlichen Verhältnisse verdorben werden. Auftretende Konflikte seien zeitlich und räumlich begrenzt und können ohne allgemeingültige Rechtsordnung und ohne den Gewaltapparat eines Staates gelöst werden. Der Anarchismus strebt eine egalitäre Gesellschaft als Verbund von Individuen ohne festen Ordnungsrahmen an. Vom Standpunkt der Gesellschaftstheorie Mises' handelt es sich um eine utopische Fiktion, die gleichbedeutend ist mit dem Rückfall in den Naturzustand. Die Utopie des Anarchismus ist illusionär.

> „Liberalismus ist nicht Anarchismus; Liberalismus hat mit Anarchismus nicht das geringste zu tun. ... Der Liberalismus ist sich darüber ganz klar, dass ohne Zwanganwendung der Bestand der Gesellschaft gefährdet wäre, und dass hinter den Regeln, deren Befolgung notwendig ist, um die friedliche menschliche Kooperation zu sichern, die Androhung der Gewalt stehen muss, soll nicht jeder einzelne imstande sein, den ganzen Gesellschaftsbau zu zerstören. Man muss in der Lage sein, den, der das Leben, die Gesundheit oder persönliche Freiheit anderer Menschen oder das Sondereigentum nicht achten will, mit Gewalt dazu zu bringen, sich in die Regeln des gesellschaftlichen Zusammenlebens zu fügen."[46]

Dieses Plädoyer für einen starken Rechtsstaat schreibt Mises 1927 in seinem Werk *Liberalismus*. Kant lehrt, dass Gesetze die Befugnis zum Zwang beinhalten.

---

46   Ludwig von Mises: *Liberalismus*, Jena, 1927, 33.

„Das Recht ist mit der Befugnis zu zwingen verbunden. ...
Wenn ein gewisser Gebrauch der Freiheit selbst ein Hinder-
nis der Freiheit nach allgemeinen Gesetzen (d. i. unrecht)
ist, so ist der Zwang, der diesem entgegengesetzt wird, als
Verhinderung eines Hindernisses der Freiheit mit der Freiheit nach allgemeinen Gesetzen zusammen stimmend. ...
Das strikte Recht kann auch als die Möglichkeit eines mit jedermanns Freiheit nach allgemeinen Gesetzen zusammen-
stimmenden durchgängigen wechselseitigen Zwanges vor-
gestellt werden. ... Recht und Befugnis zu zwingen bedeuten
also einerlei."[47]

Im Jahre 1940 erscheint die *Nationalökonomie*, in der Mises
sich ebenso eindeutig vom Anarchismus abgrenzt.

„Es gibt eine Schule, die meint, man könnte durch Belehrung alle Menschen von der Notwendigkeit überzeugen, immer sozial zu handeln, das heißt so zu handeln, dass man
im Handeln auf die Erhaltung der gesellschaftlichen Ordnung Rücksicht nimmt; richtig belehrt, würden dann alle
Menschen schon freiwillig sozial handeln. Dem Anarchismus erscheinen daher Einrichtungen, die den Einzelnen zur
Befolgung der Regeln, die die Aufrechthaltung der Gesellschaft fordert, zwingen sollen, als überflüssig. Seiner Auffassung nach könnte eine Gesellschaftsordnung, die nicht
einzelnen Menschengruppen Vorrechte auf Kosten und zu
Lasten der übrigen einräumt, auch ohne die Einrichtung eines Zwangsapparates zur Unterdrückung gesellschaftsschädlichen Handelns auskommen. Die ideale Gesellschaft

---

47 Immanuel Kant: *Die Metaphysik der Sitten*, Einleitung in die Rechtslehre § D
    und E.

brauche daher keinen Staat und keine Regierung, keine Richter, keine Büttel und keine Schergen.

Der Grundfehler der anarchistischen Lehre liegt in der Nichtbeachtung der Erfahrungstatsache, dass es Menschen gibt, denen die Einsicht oder die Kraft mangelt, ihr Handeln den Anforderungen der Gesellschaft gemäß einzurichten. Wollte man selbst zugeben, dass alle gesunden Erwachsenen über beides verfügen, so kann man doch nicht bestreiten, dass es beim heranwachsenden Menschen, beim kranken Menschen und bei dem vom Kräfteverfall des Alters ergriffenen Menschen gar häufig anders ist. Schon dass es Kinder, Geisteskranke und Altersschwache gibt, macht einen gesellschaftlichen Zwangsapparat unentbehrlich. Wenn die übrigen Glieder der Gesellschaft freiwillig stets sozial handeln, dann wird ihnen gegenüber ein Einschreiten der Regierungsorgane sich als überflüssig erweisen. Man mag der Ansicht sein, dass jeder, der antisozial handelt, als krank zu betrachten und daher vor allem zu heilen sei; doch solange nicht alle geheilt sind, muss ein Zwangsapparat darüber wachen, dass durch das Verhalten solcher Kranker kein Schaden entstehe. Gesellschaftliches Zusammenleben und Zusammenwirken von Menschen ist daher nur im staatlichen Verbande denkbar, d. h. nur in einem Verbande, der über einen Zwangsapparat zur Unterdrückung gesellschaftsstörenden Handelns von Einzelnen oder von Gruppen verfügt."[48]

In der 1949 veröffentlichten englischsprachigen Fassung seines Hauptwerks *Human Action* hält Mises an seiner Argumentati-

---

48   Mises: *Nationalökonomie*, 119f.

on fest. Die Textstelle ist ausführlicher noch als in der *Nationalökonomie* und wie mir scheint leidenschaftlicher geschrieben.

„Freilich, es wird immer Einzelne und ganze Gruppen geben, denen diese Beweisführung nicht einleuchtet, und wieder andere, die sie wohl begreifen, doch nicht die Kraft aufbringen, ihr Handeln so einzurichten, dass es die gesellschaftliche Ordnung nicht stört. Denn die Eingliederung in die Gesellschaft fordert vom Einzelnen Opfer; es sind das zwar nur vorläufige Opfer, die durch die Vorteile, die ihm die Gesellschaft vermittelt, aufgewogen werden; doch zunächst, im Augenblicke des Verzichts auf einen winkenden Vorteil, ist das Opfer schmerzlich, und es ist nicht jedermanns Sache, im Hinblick auf höheren mittelbaren Gewinn geringeren unmittelbaren Gewinn fahren zu lassen. Um der Versuchung, sich auf Kosten der gesellschaftlichen Ordnung augenblickliche Sondervorteile zu verschaffen, zu widerstehen, bedarf es nicht nur der Einsicht in die Zusammenhänge des gesellschaftlichen Getriebes, sondern auch der Kraft, den einmal gewählten Weg unbeirrt von allen Lockungen der Abwege zu wandeln. Es gibt eine Schule, die meint, man könnte durch Belehrung alle Menschen von der Notwendigkeit überzeugen, immer sozial zu handeln, dass heißt so zu handeln, dass man im Handeln auf die Erhaltung der gesellschaftlichen Ordnung Rücksicht nimmt; richtig belehrt, würden dann alle Menschen schon freiwillig sozial handeln. Dem Anarchismus erscheinen daher Einrichtungen, die den Einzelnen zur Befolgung der Regeln, die die Aufrechthaltung der Gesellschaft fordert, zwingen sollen, als überflüssig. Seiner Auffassung nach könnte eine Gesellschaftsordnung, die nicht einzelnen Menschengruppen Vorrechte auf Kosten und zu Lasten der übrigen einräumt, auch ohne die Einrichtung eines Zwangsapparates zur Unterdrückung gesellschaftsschädlichen Handelns auskommen. Die ideale Gesellschaft brauche daher keinen Staat und keine Regierung, d.i. keine Polizei, den gesellschaftlichen Gewalt- und Zwangsapparat.

Der Grundfehler der anarchistischen Lehre liegt in der Nichtbeachtung der Erfahrungstatsache, dass es Menschen gibt, denen die Einsicht oder die Kraft mangelt, ihr Handeln den Anforderungen der Gesellschaft gemäß einzurichten. Wollte man selbst zugeben, dass alle gesunden Erwachsenen über beides verfügen, so kann man doch nicht bestreiten, dass es beim heranwachsenden Menschen, beim kranken Menschen und bei dem vom Kräfteverfall des Alters ergriffenen Menschen gar häufig anders ist. Schon dass es Kinder, Geisteskranke und Altersschwache gibt, macht einen gesellschaftlichen Zwangsapparat unentbehrlich. Wenn die übrigen Glieder der Gesellschaft freiwillig stets sozial handeln, dann wird ihnen gegenüber ein Einschreiten der Regierungsorgane sich als überflüssig erweisen. Man mag der Ansicht sein, dass jeder, der antisozial handelt, als krank zu betrachten und daher vor allem zu heilen sei; doch solange nicht alle geheilt sind, muss ein Zwangsapparat darüber wachen, dass durch das Verhalten solcher Kranker kein Schaden entstehe. Gesellschaftliches Zusammenleben und Zusammenwirken von Menschen ist daher nur im staatlichen Verbande denkbar, d.h. nur in einem Verbande, der über einen Zwangsapparat zur Unterdrückung gesellschaftsstörenden Handelns von Einzelnen oder von Gruppen verfügt.

Staat oder Regierung ist der gesellschaftliche Zwangs- und Gewaltapparat. Er hat das Gewaltmonopol. Keine Einzelner hat die Freiheit, Gewalt oder die Drohung mit Gewalt anzuwenden, wenn der Staat ihm nicht dieses Recht übertragen hat. Der Staat ist wesentlich eine Einrichtung zur Erhaltung der friedlichen zwischenmenschlichen Beziehungen. Jedoch muss er bereit sein für die Erhaltung des Friedens die Angriffe der Friedensbrecher zu zerschlagen."[49]

Auch in seinem bedeutenden Spätwerk *Theorie und Geschichte* von 1957 kommt Mises auf die Rechtsordnung zu sprechen.

„Der Hauptvorzug und Wert dessen, was verfassungsmäßige Einrichtungen, Demokratie und Regierung durch das Volk genannt wird, muss in dem Tatbestand gesehen werden, dass sie einen friedlichen Wechsel der Methoden und des Personals der Regierung ermöglichen. Wo es eine repräsentative Regierung gibt, sind keine Revolutionen und Bürgerkriege erforderlich, um einen unpopulären Herrscher und sein System abzulösen."[50]

Die Ablehnung der anarchistischen Utopie wird mit Erfahrungstatsachen begründet, also anthropologisch aus den Möglichkeiten menschlicher Destruktivität abgeleitet. In seinen *Erinnerungen*, die nach der *Nationalökonomie* und nach seiner Emigration in den Vereinigten Staaten verfasst wurden, wird ein weiteres Argument ins Feld geführt.

---

49   Ludwig von Mises: *Human Action*, Auburn, 1998, Zweiter Teil, I.,2.
50   Ludwig von Mises: *Theorie und Geschichte*, München, 2014, 359.

„Die Massen müssen entscheiden. Gewiss, die Nationalökonomen haben die Pflicht, ihre Mitbürger aufzuklären. Doch
was soll geschehen, wenn die Nationalökonomen dieser
dialektischen Aufgabe nicht gewachsen sind und von den
Demagogen bei den Massen ausgestochen werden? Oder
wenn die Massen zu wenig intelligent sind, um die Lehren
der Nationalökonomen zu erfassen? Muss man nicht den
Versuch, die Massen auf den richtigen Weg zu führen, als
aussichtslos ansehen, wenn man die Erfahrung machen
konnte, dass Männer wie J. M. Keynes, Bertrand Russell,
Harold Laski und Albert Einstein nationalökonomische Probleme nicht zu begreifen vermochten?"

„Man hat gesagt, dass das Problem in der Volksbildung und
Volksaufklärung liege. Doch man gibt sich argen Täuschun-
gen hin, wenn man glaubt, dass man durch mehr Schulen
und Vorträge und durch Verbreitung von Büchern und Zeit-
schriften der richtigen Meinung zum Siege verhelfen könne.
Man kann auf diesem Wege auch Irrlehren Anhänger wer-
ben. Das Übel besteht gerade darin, dass die Massen geistig
nicht befähigt sind, die Mittel zu wählen, die zu den von ihnen angestrebten Zielen führen. Dass man dem Volke ferti-
ge Urteile durch Suggestion aufdrängen kann, beweist, dass
das Volk keines selbständigen Urteils fähig ist. Das ist gerade das, was die große Gefahr birgt."[51]

Die Massen können die Gesetze des zivilisatorischen Fortschritts nicht einsehen. Sie erkennen nicht ihre wahren lang-
fristigen Interessen, sondern verfolgen kurzfristige Ziele, die ihnen langfristig schaden. Sie sind lenkbar durch Führer.

---

51   Ludwig von Mises: *Erinnerungen*, Stuttgart, 1978 (New York, 1940), 42f.

„In der ersten Periode, die vom Zusammenbruch der Monarchie im Herbst 1918 bis zum Herbst 1919 währte, war die wichtigste Aufgabe, die ich mir gesetzt hatte, die Verhinderung des Bolschewismus. Ich habe schon erzählt, wie mir das durch Einwirkung auf Otto Bauer gelang. dass es damals in Wien nicht zum Bolschewismus gekommen ist, war einzig und allein mein Erfolg. Nur wenige Leute unterstützten mich im Kampfe, und deren Hilfe war ziemlich wirkungslos. Bauer habe ich allein von der Idee, den Anschluss an Moskau zu suchen, abgebracht. Die radikalen jungen Leute, die Bauers Autorität nicht anerkannten und gegen den Willen der Parteileitung auf eigene Faust vorgehen wollten, waren so unerfahren, unfähig und von gegenseitiger Eifersucht erfüllt, dass sie nicht einmal einen halbwegs arbeitsfähigen Parteiverband der Kommunisten gründen konnten. Die Entwicklung lag in der Hand der Führer der alten sozialdemokratischen Partei. In diesem Kreis hatte Bauer das letzte Wort zu sprechen.“[52]

Wir haben diese Passagen so ausführlich zitiert, weil heute Anhänger des Libertarismus erklären, dass Mises Position in dieser Frage inkonsistent sei. Nach den bisherigen Ausführungen sollte deutlich werden, dass dem nicht so ist. Auch in dieser Frage trug Mises wie stets tiefgründig durchdachte Positionen vor. Der Bogen seiner Lehre stürzt ein, wird auch nur ein Stein herausgenommen.

Mises Standpunkt gegenüber dem Anarchismus speist sich auch aus bitterer Lebenserfahrung. Er hat sie während seines ganzen Lebens nicht geändert. War er doch Augenzeuge, wie

---

52   Mises: *Erinnerungen*, 49.

das Schicksal Österreichs am seidenen Faden hing, und es von einem Mann abhing – Otto Bauer –, ob es in die Hände der Bolschewisten fallen würde. Wiederum hing es an einem Mann allein – an ihm –, Österreich vor diesem katastrophalen Schicksal zu bewahren.

Die Position James M. Buchanans: Das Utopia der Anarchisten

von Helmut Krebs

James M. Buchanan prüft in seinem Buch „Die Grenzen der Freiheit. Zwischen Anarchie und Leviathan"[53] die anarchistische Utopie wohlwollend. Herrschaftsfreiheit, freiwillige Zusammenarbeit und Gemeinschaften, die freiwillig eingegangen und verlassen werden, üben gerade auf junge Menschen einen positiven Reiz aus. Wenn niemand Zwangsgewalt über andere ausüben kann, wenn keine zivile oder militärische Bürokratie existiert, stirbt der Staat tatsächlich ab. *„Sollte irgendeine Regierungsform neu entstehen, so hat sie keine Berechtigung."* Die anarchistische Utopie bedarf keiner kommunistischen Wirtschaftsform. Sie lässt sich auch auf der Grundlage des Privateigentums denken. Verträge regeln die Beziehungen.

Die stillschweigend vorgesehenen Einschränkungen der absoluten individuellen Freiheit sind lediglich mitmenschlicher Respekt und der freiwillige Verzicht auf Aggression. Buchanan nimmt diese Idee auf und überprüft sie anhand der Frage: Kann sich auf der Grundlage dieser Voraussetzungen eine friedliche und stabile Gesellschaft entwickeln? Ein einziges Bei-

---

53   Tübingen, 1984, 3–8.

spiel genügt ihm für eine negative Antwort. Es lasse sich nicht definieren, was Respekt beinhaltet. *„Was geschieht, wenn es kein gegenseitiges Übereinkommen über die Grenzen des Zulässigen gibt? Was passiert, wenn sich der eine von Langhaarigen gestört fühlt, während die anderen sich die Haare lang wachsen lassen?"*[54]

Um zu verhindern, dass sich die Gesellschaft an einer so simplen Frage entzweit, könnte eine Norm eingeführt werden, die die erlaubte Länge der Haare regelt. Doch wie lässt sich eine solche Norm durchsetzen, da es doch keine übergeordnete Instanz gibt, die das Recht hat, freien Bürgern Normen aufzuerlegen? Die uneingeschränkte Freiheit des Einzelnen müsste einem allgemeinen Prinzip untergeordnet werden, was aber mit der anarchistischen Utopie unvereinbar ist. Andererseits ist die Streitfrage auch die Quelle für Zwietracht und eine Gefahr für den Bestand der friedlichen Gesellschaft. Wir besitzen genügend Phantasie uns auszumalen, auf welche Weise der Streit eskalieren und wohin eine ungezügelte Eskalation führen kann.

Nichtstaatliche Schlichtungsverfahren sind instabil

Buchanan räumt ein, dass der Anarchist noch ein Argument ins Feld führen könne. Es sei die Idee der interpersonalen *Reziprozität:* Wenn du mich leben lässt, wie ich will, so lasse ich dich leben, wie du willst. Doch auch diese Verfahrensweise verhütet den simplen Konflikt nicht sicher. Der gegenseitige Tausch der Toleranz ist ein Tausch von Gütern. Ich (A) lasse dir (B) die langen Haare und du lässt mir die Freiheit, nachts laute Musik

---

54   Diese Frage wurde in den 1960er-Jahren heiß diskutiert. Die ältere Generation verurteilte Die Beatles aufgrund ihrer langen Haare.

zu hören. Die Bewertung dieser Güter ist subjektiv. Sie lässt sich in der Regel nicht rational verhandeln. Sie kann nicht auf eine tauschbare Werteinheit zurückgeführt und verrechnet werden. B sieht seine Frisur als hohen Wert an, als Ausdruck seiner Individualität. Er kann darin keinen Kompromiss eingehen, während das Musikhören seiner Meinung nach nicht unbedingt in der Nacht erfolgen muss. Doch A sieht nicht ein, warum ein wenig kürzere Haare, die doch in seinen Augen obendrein viel hübscher sind, so erbittert abgelehnt werden. Aber auf das Hören der Musik in der Nacht kann er nicht verzichten, weil er bei Tage nicht zu Hause ist. Die unterschiedlichen subjektiven Bewertungen lassen keinen Kompromiss zu. Zentimeter lassen sich nicht mit Minuten oder Dezibel verrechnen. Wer (mindestens zwei) Kinder hat, weiß, dass um noch geringere Werte erbitterte Konflikte geführt werden können.

Bleibt noch ein letzter Ausweg: die *Kompensation*. Es wäre möglich, dass beide Streitenden sich, evtl. mit Hilfe eines Schlichters, auf eine Einschränkung ihrer Lebensweise einigen, wenn sie dafür mit Gütern entschädigt werden, etwa mit einem Geldbetrag. Dann kann jeder subjektiv bewerten, ob ihm dieser Tausch ein Einlenken wert ist. Doch dieses vermeintlich elegante Verfahren, das tatsächlich gerade in den USA im Rechtswesen weit verbreitet ist, birgt eine Schwierigkeit. A könnte die laute Musik nicht aus Liebe zur lauten Musik hören, sondern um eine Entschädigung zu erheischen. Die Einrichtung der Kompensation ruft den Geschäftssinn wach. Es kann daraus sogar ein Wirtschaftszweig erwachsen. Als Beispiel sei das Domaingrabbing genannt, die Reservierungen von Internetadressen bekannter Unternehmen durch Dritte.[55] Es braucht

---

55   Die deutsche Rechtsprechung wendet hier das Prinzip der „besseren Rechte"

nicht viel Phantasie, um sich auszudenken, wie eine anarchistische Gesellschaft mit dem Kompensationsverfahren Schiffbruch erleidet. *„Die Übereinkunft über ein Zahlungsmittel ist somit keine Garantie für eine stabile Ordnung in der herrschaftsfreien Gesellschaft"*, stellt Buchanan fest.

Fazit

„Bei näherer Betrachtung führt eine genauere Analyse der Anarchie als Ordnungsprinzip für die Gesellschaft zum Ergebnis, dass sie selbst dann nicht funktionsfähig ist, wenn man innerhalb enger Grenzen persönlichen Verhaltens argumentiert." Als Ordnungsprinzip für die ganze Gesellschaft taugt Anarchie nicht. Doch lässt sich ein herrschaftsfreier, freiwilliger toleranter Umgang miteinander in vielen Tätigkeitsbereichen beobachten. Wenn die Tätigkeitsbereiche in einen klaren Ordnungsrahmen gestellt sind, handeln Menschen häufig in einer dem Gelingen des Ganzen zuträglichen Weise, ohne einem Kommando mit Befehlen unterstellt zu sein, also freiwillig. Gegenseitige Hilfe und Toleranz vergrößern die Lebensqualität aller und fallen auf den Einzelnen in einem größeren Zeitrahmen mit hoher Wahrscheinlichkeit auch positiv zurück. Wenn ich meiner Nachbarin den Mülleimer zur Abholung an die Straße stelle, tut sie das auch für mich. Jeder, der zuerst da ist, übernimmt den Handgriff für den Nahestehenden. Der Gewinn ist ein höhere Sicherheit, den Leerungstermin der Mülltonne nicht zu vergessen. Die Menschen halten sich freiwillig gerne an Regeln, wenn sie in einer stabilen friedlichen Gesellschaft

---

an. Derjenige, der so heißt, hat den Vorrang vor dem, der nicht so heißt. (Wiipedia, Stichwort: Domainnamensrecht). Das Prinzip wurde von DENIC eingeführt und von der staatlichen Rechtsprechung übernommen.

leben, weil das Gegenteil Reibung und Unannehmlichkeiten erzeugt. Buchanan stellt süffisant fest, dass gerade die Anarchisten diese Mitmenschlichkeit häufig sabotieren: *„Es ist paradox, dass sich in unseren Tagen die Radikalen oft als Anarchisten bezeichnen, während sie durch ihr Verhalten, nämlich Redner zu belästigen und Versammlungen zu stören, die Elemente einer lebensfähigen herrschaftsfreien Ordnung zerstören."* Buchanan war Augenzeuge der Zerstörung der universitären Kultur in den sechziger Jahren durch die Anarchisten, die ursprünglich als *„geordnete Anarchie"* verfasst wurde. Die heute herrschenden ausufernden Vorschriften der *political correctness* deutet er als Folgen dieser anarchistischen Destruktivität. *„Solange sich die Menschen stillschweigend an Regeln halten, ist eine Verrechtlichung nicht erforderlich. Tun sie dies aber nicht, so werden Formalisierungen, Durchführungsbestimmungen und zwangsweise Durchsetzungen notwendig. ... Jedes unter Anarchie erreichbare Gleichgewicht ist bestenfalls fragil und instabil. ... Der anarchistische Krieg aller gegen alle..., in dem das Leben hässlich, brutal und kurz ist, kann nur beigelegt werden durch eine Ordnung, die der Souverän auferlegt."*

Die Position weiterer Denker in Form von Zitaten:
„Anarcho ergo bumm"

von Michel von Prollius

Die Auseinandersetzung mit Anarchokapitalisten als Teil der größeren Gruppe der Anarchisten braucht sich nicht allein auf ausgearbeitete Argumentationen stützen. Aphorismen können die anarchistische Auffassung aus unterschiedlichen Perspektiven beleuchten, durchaus mit Humor, etwa nach dem Motto: *„Nieder mit den Petroleumlampen! Freiheit für Armleuchter!"* (Quelle unbekannt). Die nachfolgende Auswahl erhebt nicht den Anspruch repräsentativ zu sein; sie ist allerdings aufrichtig, anspruchsvoll und aussagekräftig angelegt (eine Art Tripple A Prädikat).

„Durch Recht und Staat blühen all die verschiedenen Tätigkeiten, und die nützliche Ungleichheit des Besitzes, die aus ihnen und natürlich und notwendigerweise aus den unterschiedlichen Graden von Fähigkeit, Fleiß und Sorgfalt resultiert, ist hinreichend bewahrt. Durch Recht und Staat kommt man in den Genuss des inneren Friedens und des Schutzes vor fremdem Eindringling. Weisheit und Tugend leiten ihren Glanz und ihre Schönheit bezüglich der Nützlichkeit ebenfalls von der Befriedigung dieser Bedürfnisse ab. " (Adam Smith)

„Sex-Appeal des Anarchismus: Ohne Oben." (Rainer Kohlmayer)

„Anarchie wäre der wünschenswerte Zustand, wenn die Menschen Maschinen und Götter wären. Aber dann müsste sie nicht erst gepredigt werden, sie wäre eben da." (Arthur Schnitzler)

„Was ist, ist nicht – so klingt die Maxime des Anarchisten, so oft ihm etwas unter der Gestalt eines Gesetzes in die Quere kommt, was ihm zufällig nicht zusagt." (Jeremy Bentham)

„Der Anarchismus verkennt die wahre Natur des Menschen; er wäre nur durchführbar in einer Welt von Engeln und Hei-

ligen. Liberalismus ist nicht Anarchismus; Liberalismus hat mit Anarchismus nicht das geringste zu tun. Der Liberalismus ist sich darüber ganz klar, dass ohne Zwanganwendung der Bestand der Gesellschaft gefährdet wäre, und dass hinter den Regeln, deren Befolgung notwendig ist, um die friedliche menschliche Kooperation zu sichern, die Androhung der Gewalt stehen muss, soll nicht jeder einzelne imstande sein, den ganzen Gesellschaftsbau zu zerstören. Man muß in der Lage sein, den, der das Leben, die Gesundheit oder persönliche Freiheit anderer Menschen oder das Sondereigentum nicht achten will, mit Gewalt dazu zu bringen, sich in die Regeln des gesellschaftlichen Zusammenlebens zu fügen. Das sind die Aufgaben, die die liberale Lehre dem Staat zuweist: Schutz des Eigentums, der Freiheit und des Friedens." (Ludwig von Mises)

„Von einem Menschen, der behauptet, keinen Herrn über sich anzuerkennen, weiß ich eins: dass er sich selbst nicht zu beherrschen vermag. Wenn die Zellen in einem Lebensbau sich jede für selbständig erklärten, so fiele der Körper auseinander. Das Gleiche gilt von dem Staate – und beides ist unmöglich außer im Chaos." (Otto von Leixner)

„Alle Anarchie ist ihrer Natur nach nicht nur zerstörend, sondern selbst zerstörend." (Thomas Carlyle)

„Die Anarchie, die schlimmste aller Geißeln, richtet ihre Verheerung so lange ungestört an, bis die Notlage, in die sie die ganze Nation, auf der sie lastet, gestürzt hat, im Bewusstsein ihrer unwissendsten Bürger den Wunsch nach Wiederherstellung der Ordnung erweckt." (Claude Henri de Saint-Simon)

„Eine Nacht der Anarchie verursacht mehr Schaden als hundert Jahre Tyrannei." (Arabische Weisheit)

„Anarchisten, seid Ihr Geister / Aus der Hölle tiefsten Gründen? / Ist der Böse Euer Meister, / Wollt die Menschheit Ihr anzünden? / Bringt Ihr eine Feuerflut? / Ach, Ihr wisst nicht, was ihr tut! / Kehret in Euch – Recht und Ehre / Sind des Weltalls große Lehre. / Wie der Wahn Euch auch betöre, / Kehrt zurück zu Recht und Ehre! / Furien weilen an dem Ort! / Scheußlicher ist: Feuer zünden, / Ist die ärgste aller Sünden –Höllenstrafen zu verkünden, / Konnte man nichts Schlimmres finden! / Gift und Mord und Feuerbrand / Sind verdammt von Land zu Land! / Was die Leidenschaft auch meinet, / Was dem Wahnwitz richtig scheinet. / Kehrt zurück zu Recht und Ehre, / Merkt Euch der Geschichte Lehre: / Niemals nützlich war der Mord: / Und es gibt ein ew'ges Dort!" (Friederike Kempner)

„Am wenigsten macht die Gesetzlosigkeit allen alles recht." (Martin Gerhard Reisenberg)

„Dies begrenzt die praktischen Möglichkeiten eines strikten Liberalismus. Trotz der Logik der These, dass der Staat im Grunde nicht notwendig ist, und obwohl eine geordnete Anarchie sehr reizvoll erscheint, lohnt es sich kaum, für die Abschaffung des Staates einzutreten. Aber es lohnt sich, immer wieder seine Legitimität in Frage zu stellen." (Anthony de Jasay)

In anarchistischen Kreisen gibt es eine Ein-Satz-Kombination von drei Aspekten, die für das Zusammenleben von Menschen entscheidende Bedeutung haben. Die drei Aspekte sind: Gesetz, Freiheit, Gewalt. Schieben wir die mangelnde begriffliche

Präzision einmal beiseite, dann ergeben sich in der angesprochenen Kombination folgende Zuordnungen:

A. Gesetz und Freiheit ohne Gewalt (Anarchie).

B. Gesetz und Gewalt ohne Freiheit (Despotism).

C. Gewalt ohne Freiheit und Gesetz (Barbarei).

D. Gewalt mit Freiheit und Gesetz (Republik).

Diese Zuordnung verdeutlicht noch einmal Realität und Realitätsverweigerung: A. Gesetz und Freiheit ohne Gewalt ist ein frommer Wunsch und eine wohlfeile Forderung.

TEIL D · DIE DYNAMIK DER GEWALT

Gewaltmärkte forcieren Staatenbildung

Zum Sammelband „Söldnerlandschaften frühneuzeitliche Gewaltmärkte im Vergleich" von Michael von Prollius

Gewaltoffene Räume gibt es am Rande Europas zuhauf. Neben den kriegerischen Auseinandersetzungen im Ukraine-Krim-Konflikt erregt der Islamische Staat mit seinen Dependancen in Irak, Syrien, Ägypten und Libyen weltweit Aufmerksamkeit. In beiden Konfliktzonen sind sowohl staatliche Streitkräfte als auch nicht-staatliche bewaffnete Kräfte beteiligt. Söldner nehmen an den Kämpfen teil. Neugierig macht da eine aktuelle Publikation aus dem Verlag Duncker & Humblot mit dem Titel:

„Söldnerlandschaften. Frühneuzeitliche Gewaltmärkte im Vergleich".[56]

Zwar haben es Sammelbände immer wieder schwer, weil sie als unlesbar gelten. Das gilt indes nicht für „Söldnerlandschaften", das Beiheft 49 der Zeitschrift für Historische Forschung, was ein Verdienst der Herausgeber und Beitragenden ist. Die enthaltenen Erkenntnisse erscheinen in dreierlei Hinsicht bedeutsam:

1. Für die historische Erforschung der frühen Neuzeit und damit die Geschichtswissenschaft.

2. Für ein besseres Verständnis aktueller Konflikte und damit für die Politikwissenschaft.

3. Für die Einschätzung der Entstehung und Notwendigkeit eines Gewaltmonopols sowie die Alternative privater Sicherheitsunternehmen und Gewaltmärkte wie sie der Anarchokapitalismus postuliert.

Nachfolgend wird vorwiegend das dritte Themenfeld betrachtet.[57]

Der Blick auf die frühe Neuzeit bietet diesbezüglich einige Vorteile: Nach dem Spätmittelalter und vor der Neuzeit gab es in Europa zwar staatsähnliche Gebilde, aber keine Staaten im modernen Sinne. Es handelt sich gleichsam um eine vorstaatliche Zeit. Das gilt auch für das Gewaltmonopol, das nicht in der Hand „des" Staates oder des Fürsten lag. Vielmehr waren Söld-

---

56 Philippe Rogger und Benjamin Hitz (Hg.): Söldnerlandschaften Frühneuzeitliche Gewaltmärkte im Vergleich (*Zeitschrift für Historische Forschung Beiheft 49*), Duncker & Humblot, Berlin 2014.

57 Die Schwierigkeiten der begrifflichen Übertragung und des historischen Vergleichs sind dem Autor bewusst.

ner „*im historischen Rückblick eher der Normalfall als die Aus-nahme*" wie Marian Füssel schlussfolgert (S. 199). Zudem gab es international verflochtene Sicherheits- oder Gewaltmärkte mit Sicherheits- oder Gewaltunternehmern, Logistikern und Fi-nanziers. Schließlich entstanden gewaltoffene Räume, die sich bis heute dadurch auszeichnen, dass es dort keine festen, ge-schweige denn einheitliche Regeln gibt, die den Gebrauch von Gewalt begrenzen – mit anderen Worten fehlt ein territorialer Gewaltmonopolist. Es dürfte schwer sein, sich historisch-empi-risch viel näher an das anarchokapitalistische Ideal anzunä-hern. Zugleich ist es ein Verdienst der Autoren von „Söldner-landschaften", die übliche national verengte Militärgeschichte durch einen viel weiteren, eben transnationalen Blickwinkel aufgebrochen und so die Söldnerforschung aus ihrem „*toten Winkel*" geholt zu haben. Die Herausgeber Philippe Rogger und Benjamin Hitz betonen ferner: die „*gesellschaftlichen, ökono-mischen, kulturellen und herrschaftlichen Implikationen dieses globalen Markts sind ein wichtiges Thema für die Geschichte der Frühen Neuzeit – der klassischen Zeit des Söldnerwesens.*" (S. 13) Damit ist der Facettenreichtum angesprochen, den (teil-)privatisierte Gewalt mit sich bringt.

Anarchokapitalistische Postulate

Das Nichtaggressionsprinzip besitzt überragende Bedeutung für Anarchokapitalisten. Es besteht in dem Postulat der verbo-tenen Initiierung von und Drohung mit Gewalt, weil jegliche Aggression eine Freiheitsverletzung darstellt. Gewalt ist dem-nach nur als Notwehr zulässig – eine Forderung, die weithin, aber keineswegs durchweg Unterstützung finden dürfte. An-ders verhält es sich mit der für Anarchokapitalisten damit unauflöslich verbundenen Ablehnung des Staates. Der Staat gilt ihnen per se als Aggressor – nach innen als Inhaber des Gewaltmonopols und damit der Institution, die Regeln (durch)setzt, Regulierung und Besteuerung durchführt und vielerlei Formen von Zwang ausübt, aber auch nach außen, weil er Konflikte herbeiführt respektive in sie eingreift. Die Beschränkung auf den Staat (respektive Herrschaft) ist einerseits augenfällig, erscheint anderseits kurzsichtig, weil im Unterschied zum Staat bei privaten Gewaltakteuren fälschlicherweise angenommen wird, sie hätten aus wirtschaftlichen Gründen ein Interesse an friedvollem Handeln und dem Respekt individueller Recht; zudem schwingt eine ökonomische Sterilität mit, die politisch relevantes Handeln – nicht zuletzt für die Eigeninteressen der Akteure, aber auch für die *res publica* – ausblendet. Tatsächlich handeln Gewaltakteure nicht ausschließlich und nicht überwiegend nach einem Primat der Ökonomie, sondern durchaus nach religiösen, ethnischen, biologistischen und ideologischen Präferenzen. Umso interessanter ist es, einen Blick auf die Gewaltökonomien der Frühen Neuzeit zu werfen.

Nach einem der Gründerväter des Anarchokapitalismus, Gustave de Molinari, würde sich *„[u]nter einer freiheitlichen Ordnung ... der Aufbau der Sicherheitsindustrie nicht von anderen Industrien unterscheiden.“* Ganz dem Wesen der Marktwirtschaft entsprechend sollen die Konsumenten die Produktion steuern – im Unterschied zur staatlich dirigierten Wirtschaft. Die naheliegende Frage lautet: Warum soll nicht auch das Gut Sicherheit durch private Sicherheitsproduzenten bereitgestellt werden? Gerade weil den Menschen Sicherheit so sehr am Herzen liege, solle der Gewaltwettbewerb an die Stelle des Gewaltmonopols treten. Mehr Sicherheit und Effizienz durch weniger Staatsgewalt lautet verkürzt die Formel, der es nachfolgend nachzugehen gilt.[58]

Merkmale von Gewaltmärkten der Frühen Neuzeit

Söldnerlandschaften und Söldnermärkte in vielfältiger Perspektive zu betrachten, sozial, wirtschaftlich, demographisch, politisch und kulturell, noch dazu transnational und zeitlich übergreifend, das ist das Ziel des aus einer Tagung 2012 resultierenden Bandes. Tatsächlich ist es sehr gut gelungen, das Wesen des Solddienstes mit diesem Ansatz begreiflich zu machen.[59]

Gewaltmärkte der Frühen Neuzeit zeichneten sich durch einen *„zweckrationalen, ökonomisch motivierten Umgang (zu denken ist an Macht-, Prestige- und Güterakkumulation) der beteiligten Akteure mit Gewalt aus"*. (S. 17) So lautet die Definition der Herausgeber Philippe Rogger und Benjamin Hitz in der sehr lesenswerten, umfang- und erkenntnisreichen Einleitung. Der Begriff *„Gewaltmärkte"* zielt auf verschiedene Aspekte ab, darunter Infrastruktur und Besiedlung, geopolitische Lage und Nähe zu Kriegsschauplätzen, aber auch die historisch-politischen Zustände des Raumes. Dabei folgten Gewaltmärkte an Schlachtfeldrändern anderen räumlichen, ökonomischen und politischen Logiken als in der Peripherie.

---

58 Vgl. das entsprechende Kapitel dieses Buches.

59 Die Herausgeber weisen darauf hin, dass insbesondere die transnationale Analyse erst im Verlauf der Untersuchung zu entwickeln sei (38f.). Die Abneigung gegen einen – soliden – a priori Ansatz erscheint unangebracht und kann zu einem Rückfall in die Historische Schule führen. Siehe dazu ausführlicher die beiden Werke von Ludwig von Mises: *Nationalökonomie* (1940) und *Theorie und Geschichte* (1957).

Der Begriff Söldnerlandschaften zielt auf die geographische Herkunft der Söldner und zugleich den Raum in politischer, wirtschaftlicher, sozialer und kultureller Hinsicht. Rekrutierungs- und Kriegsgebiet konnten zusammenfallen, etwa in Italien im 15. Jahrhundert, in den Niederlanden während des Achtzigjährigen und in Deutschland während des Dreißigjährigen Krieges. Söldnerlandschaften zeichneten sich durch ein strukturiertes, organisiertes Zusammenspiel von Angebot und Nachfrage der verschiedenen Akteure aus, vor allem Söldner, Werber, Militärunternehmer und Herrschaftsträger.

Die geschichtswissenschaftliche Hinwendung zur Kategorie Raum ermöglicht es den Herausgebern zufolge, ältere Erkenntnisse zu überwinden oder weiterzuentwickeln, demnach etwa karge alpine Gebiete geradezu als alternativlose Söldnergebiete galten. Tatsächlich stammten Söldner teilweise aus strukturschwachen Wirtschaftsräumen, aber auch aus urbanen Räumen mit hoher wirtschaftlicher Dynamik: *„In Städten, in denen sich die sozialen Konflikte verdichteten und sich für Kluft zwischen arm und reich stetig vergrösserte, herrschten für das Söldnergeschäft geradezu ideale Bedingungen."* urteilen Philippe Rogger und Benjamin Hitz, zumal es ein großes Männerreservoir (*„Prekariat"*) gab, dem sozioökonomische Alternativen fehlten. Skepsis ist indes angebracht, ob eine wachsende Wohlstandsdifferenz oder nicht eher die absolute Armut Söldner hervorbrachte. Tatsächlich war Solddienst eine gewöhnliche Alltagserscheinung der Frühen Neuzeit. Das Söldnergeschäft florierte in Europa und den europäischen Kolonien, ferner im Osmanischen Reich und dem indischen Mogulreich. Angebot und Nachfrage fielen räumlich häufig auseinander. Söldnerexportgebiete waren Beispielsweise Süd- und Nordwestdeutschland, ferner die Landgrafschaft Kassel, eidgenössische Orte sowie Italien, Irland, Schottland, Böhmen, Kroatien, Albanien und Teile Russlands.

Söldnerkontingente wurden regelmäßig in ethnisch geschlossenen Kontingenten zusammengefasst, so dass beispielsweise schweizer, schottische und kroatische Verbände bestanden. Allerdings waren die landsmannschaftlichen Truppenteile häufig mehr Marke als Realität, da durch Verluste Personalersatz in erheblichem Maße aus anderen Regionen integriert werden musste und dann vielfach die Mehrheit bildete. Die Marke stand für eine kämpferische Qualität, etwa der besonders schlagkräftigen eidgenössischen Infanterie.

Es erstaunt nicht, dass Herrscher zunehmend Gewaltmärkte regulierten und kontrollierten. So konnte Söldnerwerbung zugelassen oder in (lukrativer) Eigenregie betrieben werden. Insgesamt gilt, dass die Märkte politisch geformt wurden und keineswegs frei waren oder Freihandelszonen glichen. Zugleich waren die Märkte stark nachfrageorientiert getrieben – durch Obrigkeiten. Zwangsrekrutierungen in unterschiedlicher Intensität waren ein Extremfall, der aber zum Werberepertoire der Militärunternehmer gehörte. Bemerkenswert ist indes, dass die Forschung mit Netzwerkanalysen zu eidgenössischen Orten bereits in den 1970er Jahren herausgearbeitet hat: Erfolgreiche Orte in Söldnermärkten entwickelten sich zu *Patronagemärkten*" mit klientelistischen Netzwerken, in denen wirtschaftliche, politische und andere lokale Akteure sich organisierten. Militärunternehmer und Kriegsherren versuchten sowohl politische Entscheidungen als auch erfahrene Söldnerführer zu beeinflussen, um Zugänge zu den Söldnermärkten zu erlangen. Soldgeschäft und Außenpolitik waren dadurch miteinander verbunden. Zugleich waren die militärpolitischen Wirkungen immens: *„In den Söldnerheeren wurden die Kommandostellen jeweils von der politischen Elite besetzt."* (S. 24) Durch internationale Beziehungen festigte die eidgenössische Elite ihre Position. Ökonomischer, politischer und militärischer Aufstieg waren eng miteinander verbunden. Sichtbar wurde diese Entwicklung durch repräsentative Bauten – zugleich kristallisierte sich das Gewaltmonopol um das Patriziat stärker heraus.

Kriegführen anderswo und Machtakkumulation zu Hause diente dem Interesse der Führungsschicht und (den Vorformen) der Staatsbildung in der Schweiz. Auch in der Landgrafschaft Hessen-Kassel profitierten Adel und Bürgertum durch die Vermietung von Soldaten doppelt: ökonomisch und politisch, während der breiten Bevölkerung geringere Steuerlasten auferlegt worden sein sollen. Waren Herrschaft und Markt bereits auf diese Weise ineinander verschränkt so galt das auch für die Aufstellung von Söldnertruppenteilen. Soldatenhandel, Subsidienverträge, also die Lieferung ganzer Truppen gegen Geld, Allianzverträge, Soldbündnisse oder Kapitulationen sind Fachbegriffe der deutschen und schweizerischen Geschichtswissenschaft, die die Aktivitäten von Herrschern und anderen Kriegsunternehmern bezeichnen. Landesherrschaften warben vielfach Truppen selbst an, rüsteten sie aus und stellten ganze Regimenter einem anderen Dienstherrn zur Verfügung.

Die vielgestaltige Organisation des Militärunternehmertums war regelmäßig international integriert. Das galt sowohl für das Militär als auch für die Finanzierung und Logistik. Eine Kommerzialisierung des Krieges kann seit dem ausgehenden

15. Jahrhunderts beobachtet werden. Es entstand ein pulsierender Markt mit massiver Werbung und Söldner als Massenphänomen. Während des Dreißigjährigen Krieges gab es rund 1.500 Militärunternehmer, die erhebliche finanzielle Ressourcen benötigten und daher regelmäßig Darlehen aufnehmen mussten. Im Falle eines Sieges winkten finanzielle Gewinne, ferner Macht und Prestige. Niederlagen, Desertionen, Meutereien, Krankheiten hingegen machten das Geschäft riskant. Nach 1650 nahmen die Margen erheblich ab. Schätzungen zufolge waren vom 16. bis ins 18. Jahrhundert mehrere Millionen Menschen als Söldner auf dem transnationalen, teilweise globalen Arbeitsmarkt tätig, darunter Schotten, Schweizer, Böhmen und Iren. Während eine systematische Migrationsforschung zu Söldnern derzeit noch ein Forschungsdesiderat darstellt, ist eine Strukturierung bereits möglich. So zeichneten sich den Herausgebern zufolge drei Ebenen ab: die Mikro-Ebene mit den familiären und nachbarschaftlichen Aspekten, die Meso-Ebene mit kulturellen, sozialen und wirtschaftlichen Räumen, schließlich die Makro-Ebene mit Gesetzen, Machthierarchien und wirtschaftlichen (Macht)Strukturen. Die Wanderungsbewegungen der Söldner wurden durch Push-Faktoren wie Überbevölkerung, Verarmung oder Soldallianzen einerseits und Pull-Faktoren wie Art und Dauer eines Konflikts, Konfession, Dienstattraktivität und Zahlungsfähigkeit des Dienstherrn andererseits beeinflusst. Die Mikroebene spielte in der Frühen Neuzeit eine maßgebliche Rolle dafür, ob es zu Söldnermigration im Einzelfall kam oder nicht.

Große Söldnerheere prägten die Kriegsschauplätze zwischen dem 15. und 18. Jahrhundert in und außerhalb Europas. Die Söldner, auch als *„Lohnarbeiter der Krieges"* (Uwe Tresp) bezeichnet, bildeten das Rückgrat der Heere. Ihr Aufstieg war einer Reihe von Triebkräften geschuldet, dazu zählen: die Bildung eines großen Rekrutenpools von Prekariern, eine funktionierende Geldwirtschaft und militärtaktische Innovationen, insbesondere die Aufwertung von Fußtruppen bei gleichzeitigem endgültigem Niedergang der mittelalterlichen Ritterheere, die in den Burgunderkriegen 1474-77 durch eidgenössische Fußtruppen besiegt wurden. Noch das 18. Jahrhundert war eines der Söldner, eines der privatisierten Gewalt; Staatsbürger in Uniform blieben eine Ausnahme.

Damals wie heute waren die individuellen Motive, Söldner zu werden vielfältig. Abenteuerlust und Armut gehörten dazu. Der Kriegsdienst schuf zuweilen das Startkapital für ein eigenes Gewerbe. Auch das ähnelt dem modernen Söldnertum und Sicherheitsunternehmen der Nachkriegszeit wie etwa in der detaillierten Studie von Klaas Voß „Washingtons Söldner. Verdeckte US-Interventionen im Kalten Krieg und Ihre Folgen" (2014) am Einsatz von Söldnern in Afrika in den 1960er und 70er Jahren deutlich wird. Die Asymmetrie der neuen Kriege und der Dschihad haben überdies Fußsoldaten wieder aufgewertet.

Einige Ergebnisse der Forschung

Für die mittlere Schicht der kleineren Militärunternehmer und Söldnerführer steht beispielhaft Demetrio Cantacusino als Vertreter der norditalienischen Städte im 16. Jahrhundert. Heinrich Lang beschreibt ihn in seinem ausgezeichneten Beitrag „Kriegsunternehmer und kapitalisierter Krieg: Condottieri, Kaufmannbankiers und Regierungen als Akteure auf Gewaltmärkten in Italien (1350-1550)". Zwischen lokaler Grundherrschaft und überregionalen Fürsten tätig, bildete er wie andere Condottieri auch eine Scharnierfunktion zwischen freiwilligen Söldnern und aufkommender Militärverwaltung.

Die norditalienische Söldnerlandschaft lässt sich als *„Inkubationsraum für Herrschaftsbildung"* (S. 50) treffend beschreiben, der durch einen gewaltoffenen Raum gekennzeichnet war, der wiederum aus den Konflikten zwischen norditalienischen Städten resultierte. Interessanterweise bestand aber kein starker Zusammenhang zwischen Staatsbildung und Militärwesen respektive herrschaftlicher Zentralisierung und Inkorporation der Kriegführung. Vielmehr handelte es sich um inkohärente Prozesse, in die sich auch externe Akteure wie das französische und habsburgische Königshaus einmischten.

Aufgabe von Capitano Demetrio Cantacusino war es, eine Kompanie aus Söldnern aufzustellen, die in der Emilia Romagna und den Apennin Regionen geworben wurden. Damit stellte er einen bedeutsamen Arbeitgeber dar und trat in Konkurrenz zu anderen Märkten. Söldnerführer wie Cantacusino waren für ihre Auftraggeber aber nicht nur interessant, weil sie rekrutieren und führen konnte, sondern auch weil sich eine Art Vasallenverhältnis zwischen ihren Auftraggebern, mitunter den Päpsten und Herzögen, herausbilden konnte. Hinzu kam, dass der Aktionsradius der Militärunternehmer überregional und sie selbst Grundherren waren. Das Verhältnis zwischen beiden regelte der formalisierte Dienstvertrag, der Condotta. Darin enthalten waren arbeitsmarktliche, grundherrliche und kapitalisierbare (politische) Aspekte. Staatsherrschaftliche Ziele dominierten das kriegsunternehmerische Handeln. Militärunternehmer waren politische Akteure: *„Die italienische Söldnerlandschaft der Renaissance zeigt sich demnach als komple-*

Die Regierungen der Fürstentümer und Republiken suchten die Kontrolle über die ökonomisch für viele Beteiligte profitablen Kriege zu gewinnen, indem sie die Militärverwaltung institutionalisierten. Offenkundig entfalteten die norditalienischen Gewaltmärkte und die auf ihnen tätigen Akteure keine befriedende Wirkung, sondern nährten die Konflikte, indem sie die Bedürfnisse ihrer Auftraggeber, der Konsumenten, befriedigten. Süddeutschland war demgegenüber ein weithin befriedeter, zugleich territorial zerstückelter, aber dennoch als Söldnerlandschaft einheitlich wahrgenommener Werberaum wie Reinhard Baumann in seinem Beitrag „Süddeutschland als Söldnermarkt" zeigt. Das lag maßgeblich daran, dass die Obrigkeiten Werbeaktivitäten nicht erfolgreich unterdrücken konnten. Attraktiv waren Söldner hier, weil sie preiswert waren (demographisch bedingter Arbeitskräfteüberschuss). Als Soldknechte ließ sich auch eine große Zahl von Nichtkämpfern anwerben, die im Tross tätig wurden und zumeist sozial bindungslos waren. Der wesentliche Pull-Faktor bis in die zweite Hälfte des 16. Jahrhunderts war der Monatssold eines Fußknechts von vier rheinischen Gulden, mit dem dieser finanziell besser gestellt als ein Handwerksgeselle war. Das regionale Gewerbe unterstützte die Militärunternehmer durch Ausrüstung und Finanzierung.

Die vielfältigen Rückwirkungen des Soldwesens auf die Entwicklung der frühneuzeitlichen Staatsbildung untersucht Jean Steinauer in seinem Beitrag „Fribourg face au marché européen du mercenariat le poids de la France" für den Kanton Freiburg anhand von vier Militärunternehmern und Politikern aus dem 16. bis 18. Jahrhundert. Demnach verdrängte der Solddienst andere wirtschaftliche Aktivitäten und trug entscheidend zur Staatsbildung bei. Die Obrigkeit kontrollierte zunehmend das Militärunternehmertum, das Bindungen zu europäischen Fürsten pflegte und dadurch zu innenpolitischen Konjunkturschwanken beitrug. Zugleich stieg die Abhängigkeit von Frankreich, dem wichtigsten Dienstherren, das durch die wirtschaftlich bedeutenden Salzlieferungen über ein bedeutendes Druckmittel verfügte.

Der Band „Söldnerlandschaften" ist in drei große Kapitel gegliedert. In dem zuvor skizzenhaft behandelten Teil geht es den Autoren um Militärunternehmer und ihr Umfeld, die Märkte, Akteure und Netzwerke der Gewalt. Deutlich wird auch, dass Beute nur ein Anreizfaktor unter vielen war, dass Beutegier und Brutalität vielfach nachträgliche negative Zuschreibungen darstellten. Zumindest gilt das für die eidgenössischen Söldner, die von Michael Jucker untersucht werden. Dem ersten Kapitel folgen zwei weitere, die hier leider nur erwähnt werden können. Ihre Lektüre lohnt sich indes auch im Detail. Es sind dies „Söldnerhandel zwischen Ethnisierung und Globalisierung" und „Anreiz und Zwang: Söldner als Migranten". Dabei werden nicht zuletzt die fließenden Grenzen sichtbar, die bei persönlichen Entscheidungen eines Menschen bestanden, für Geld in den Krieg zu ziehen – Grenzen in einem Konglomerat aus Freiwilligkeit, Notwendigkeit und Zwang. Von den Folgen des Einsatzes hessischer Truppen im Amerikanischen Unabhängigkeitskrieg (1776-83) und den Einsätzen davor und danach (1680-1815) war in Hessen-Kassel praktisch jede Familie betroffen.

Gewaltmärkte und Gewaltunternehmer gestern, heute und morgen

Gewaltmärkte und Gewaltakteure, bedingt synonym ließen sich Bezeichnungen wie Sicherheitsmärkte und Sicherheitsakteure sowie Militärmärkte und Militärunternehmer verwenden, waren in der Frühen Neuzeit weit entwickelt. Das galt insbesondere für die arbeitsteilige Ausdifferenzierung von der professionellen Werbung der Söldner über ihre Ausrüstung und Einsatzführung bis hin zur Finanzierung und Markenbildung über Grenzen und Kontinente hinweg. Dabei waren Söldnerlandschaften durch komplexe Faktoren und Wechselwirkungen gekennzeichnet. Die großen Themenfelder Söldnerhandel, -migration und -allianzen/-bündnisse gehören dazu. Die Wirkung auf den Raum und durch den Raum ist in seinen vielfältigen Facetten bemerkenswert .

Die historische Forschung zu den Söldnerlandschaften und Gewaltmärkten der Frühen Neuzeit des vorliegenden Bandes vermag das Postulat Gustave de Molinaris nicht zu bestätigen. Bei allen Unterschieden zur vorkapitalistischen Zeit lassen sich in den Studien dieses Bandes weder Entwicklungen zu mehr Sicherheit noch zu mehr Effizienz noch zu weniger Staatsgewalt beobachten. Vielmehr bildeten obrigkeitliche Herrschaft und Militärunternehmer eine Melange, waren beide zuweilen identisch, entwickelten sich unauflösbare politikökonomische Geflechte. Es ist nicht erkennbar, wer dem hätte entgegenwirken können, geschweige denn entgegenwirken wollen. Konsumenten privater Produktion von Sicherheit waren vor allem die Obrigkeiten, die Herrscher, die sich herausbildende Staaten. Schwerer wiegt daher, dass sich dem Band eine Lehre entnehmen lässt: Gewaltmärkte forcierten die Staatsbildung. In den Vordergrund rückt damit häufig eine von Befürwortern privatisierter, wettbewerblicher Gewaltausübung vernachlässigte Tatsache: Märkte sind stets in einen komplexen sozio- und politikökonomischen Kontext eingebettet und bestehen nicht einfach so – gleichsam puristisch.

Menschen leben in komplexeren Zusammenhängen als auf Eigentum und zwangslose Verträge gestützt. Söldnerführer und die Söldner selbst verfolgten nicht nur ihre persönlichen Ziele, sondern waren zugleich den Ambitionen anderer, mächtigerer Akteure ausgesetzt. Söldner dienten nicht der Sicherheit, sondern anderen Menschen und folgten dabei ihrer Profitorientierung. Auf ökonomische Logiken lassen sich Söldnerlandschaften und Gewaltmärkte nicht reduzieren. In Anlehnung an ein Bonmot von Anthony de Jasay, der selbst einmal schmunzelnd äußerte, er sei ein Anarchist im besten Sinne des Wortes, ließe sich kommentieren: Es ist sinnlos zu sagen, dass wir mehr Sicherheit und Effizienz durch ausschließlich private Sicherheitsunternehmen benötigen. Wir sollten stets etwas Besseres nutzen als das, was wir haben. Aber es ist kindisch zu denken, dass wir das immer können und es zu fordern bedeutet, dass es möglich ist.

Söldner waren in der Frühen Neuzeit Werkzeuge von „Staaten", genauer Obrigkeiten.[60] Das war bereits im vorangehenden Mittelalter der Fall, wie das Beispiel der Wikinger illustriert, die als Söldner nicht zuletzt in Regionen des heutigen Russland und des Nahen Osten dienten. Und es ist bis heute

---

60 Gewalt ist offenkundig kein Gut wie jedes andere. Sicherheit ist ein janusköpfiges Gut: Sicherheit herrscht nicht zuletzt, sondern zuerst, wenn nicht um sie gekämpft werden muss. Ist das Monopol erreicht, kann es zum Missbrauch einladen.

der Fall, gerade wenn der offizielle Einsatz militärischer Mittel unangebracht erscheint. Staaten und ihre Führungen werden nicht verschwinden, sie sind nicht nur im Rückblick eine besonders erfolgreiche Institution.[61] Herrschaft gab es von Menschenbeginn an, Gewalt war stets ein Teil von Herrschaft. Zur Zentralisierung streben beide. Eine Überdehnung hat nach dem Aufstieg regelmäßig den Fall großer Mächte zur Folge. Stets ist Herrschaft auch mit zunehmender Sicherheit verbunden und folglich mit der Chance wirtschaftlicher Prosperität. Das war schon in der Antike der Fall.

Die Reduzierung der lebensweltlichen Komplexität auf einen archimedischen Punkt, die freie Kooperation ohne Zwang, am besten überall, ist ahistorisch und erscheint soziologisch unhaltbar. Der Anarchokapitalismus hat den Praxistest nicht bestanden – auch über die Frühe Neuzeit hinaus. Und eine andere Welt als diese gibt es nicht. Anarchokapitalismus erscheint daher als der Gott, der ohne Reich war und bleiben wird.

Der Staat stellt eine paradoxe Institution dar: Das Gewaltmonopol reduziert oder eliminiert gewaltsamen Wettbewerb und gewaltoffene Räume, lädt aber zum Missbrauch ein. Für die Einhegung des Staates sind zwei Aspekte bedeutsam:

1. seine Minimierung und

2. seine Kontrolle durch Verfassungen.

Jede Gesellschaftsordnung lebt von den Menschen, die sie tragen. Das gilt für etatistische wie für anarchische Ordnun-

---

61   Siehe dazu auch die Erkenntnisse von Nozick, Cowen und Holcombe, die im Kapitel „Sicherheit durch Gewaltmonopol oder Gewaltwettbewerb" angedeutet werden.

gen. Auszuhalten gilt es die Gleichzeitigkeit von Widersprüchlichem, das macht uns Menschen und unsere Ordnungen aus; es entspricht den Protonen, die stets Welle und Teilchen zugleich sind. Frieden und damit die Abwesenheit von Gewalt von Menschen gegen Menschen ist eine vorrangige, dauerhafte Aufgabe. Das Verständnis der Funktion und Rolle von gewaltbereiten nichtstaatlichen Organisationen, ihre Einbettung in Netzwerke und Räume bildet dafür eine unabdingbare Voraussetzung.

Räume der Gewalt

von Michael von Prollius

*„Frieden und Sicherheit gibt es nur, weil Menschen töten kön*nen. *Ein Leben ohne Macht ist nicht vorstellbar, weil es ein Leben ohne Gewalt nicht gibt."* Mit diesen beiden Sätzen schließt Jörg Baberowski seine Untersuchung über das Wesen der Gewalt ab. Im Abschnitt über die Anthropologie der Gewalt stellte der Osteuropahistoriker der Berliner Humboldt Universität fest: *„Menschen können immer töten, wenn sie wissen, dass straflos bleibt, was sie tun, und sobald das Töten zum Gebot wird, braucht niemand mehr eine Lizenz oder eine Legitimation."* Das liegt an der Tatsache, dass sich Gewalt in Situationen ausprägt: *„Gewalt ist eine attraktive Handlungsoption, wenn sich Räume öffnen, in denen sie sich entfalten kann."*

Baberowski ist mit Trutz von Trotha davon überzeugt, dass es zwecklos ist, Gedanken auf das Ende der Gewalt zu verschwenden. Menschen hätten zu allen Zeiten einander verletzt, getötet, Gewalt zugefügt. Umso wichtiger sei es, Gewalt als eine Möglichkeit, Mensch zu sein, auch für die Zukunft zu begreifen. Zivilisierte Ordnungen können kippen. Gewalt kann wieder aufbranden. Das ist eine zentrale Botschaft des ungemein lesenswerten Buches. Das Axiom der Untersuchung ist in der Mitte des Buches besonders anschaulich ausgearbeitet. Dort wird die Entgrenzung und Begrenzung von Gewalt betrachtet. Der Osteuropahistoriker zitiert den russischen Rechtsgelehrten Bogdan Kistjakowski, der im Jahr 1909 schrieb, der hauptsächliche und wesentliche Inhalt de Rechts sei die Freiheit. Kistjakowski habe während der russischen Revolution am eigenen Leib erfahren, dass die Rechtsordnung kein Instrument der Knechtung, sondern ein Hüter unserer Freiheit sei. Und zwei Seiten später konstatiert Baberowski, dass die Gewalt, einmal ausgebrochen, die Ordnung der Bürokratie zersetze. In den Konzentrationslagern hätten die Aufseher nicht geprügelt und getötet, weil sie es mussten, sondern weil sie es durften. Die Lager seien keine bürokratischen Institutionen gewesen, sondern Institutionen der Eigeninitiative und Willkür. Es lohnt sich einen Absatz (S. 101f.) ausführlich zu zitieren:

„Die Bürokratie und ihr Streben nach Eindeutigkeit waren nicht die Urheber des Massenmords, und das moderne Militär nicht der Urheber des Vernichtungskriegs. Bedingungen sind nicht Ursachen, denn wenn es so wäre, warum wurde das Denkbare in Deutschland und nicht in Frankreich zum Machbaren? Warum wurden die ehemaligen Sklaven in den USA zwar diskriminiert und misshandelt, aber nicht systematisch getötet? Warum führte die Staatswerdung in der Sowjetunion in den organisierten Massenmord, nicht aber in der Türkei? Weil man töten kann, um zu erreichen, was

man sich vorgenommen hat, es aber nicht muss. Es gibt kein Kausalverhältnis zwischen Ideen und Taten, keinen zwingenden Zusammenhang zwischen Rassentheorien, modernen Institutionen und Gewaltexzessen. Nur von Situationen und ihren Möglichkeiten hängt es ab, ob Vorstellungen Wirklichkeit werden, nicht von Ideologen und ihren Erzwingungsinstrumenten."

Diese Erkenntnis ist eine Mahnung. Sie zeigt für klassisch Liberale auf, wie notwendig es im Wortsinn ist, die Begrenzung staatlicher Macht weiter auszuarbeiten und in die Tat umzusetzen. Dafür ist eine Kultur der Freiheit genauso wichtig wie es verfassungsmäßige Schranken sind. Zugleich hat sich das Nicht-Aggressionstheorem der Anarchokapitalisten erledigt. Darüber braucht nicht mehr gesprochen zu werden. Die Forderung ist sinnlos, weil sie nichts mit dieser Welt zu tun hat. Zugleich wird deutlich, dass Situationen und Möglichkeiten zur Ausübung von Gewalt minimiert werden müssen, um den Frieden zu bewahren. Die Konkurrenz von Gewaltunternehmen ist dafür wie nunmehr mehrfach aus verschiedenen Perspektiven dargelegt ungeeignet.

Jörg Baberowski hat sich Jahre, eher Jahrzehnte mit Gewalt beschäftigt. Das gilt insbesondere für seine Studien zu Osteuropa und den russischen, stalinistischen Terror sowie seine Mitarbeit an vergleichenden Arbeiten zum Nationalsozialismus und zum internationalen Sozialismus der Sowjetunion. Beide schufen „Ordnung durch Terror".[62] Zudem ist Baberowski ein ausgewiesener Kenner von historisch konnotierter Literatur,

---

62 Jörg Baberowski und Anselm Doering-Manteuffel: *Ordnung durch Terror. Gewaltexzesse und Vernichtung im nationalsozialistischen und im stalinistischen Imperium*, Dietz Verlag, Bonn 2006.

die er mit Kollegen und Intellektuellen regelmäßig im Literaturhaus in der Fasanenstraße bespricht. Diese Mischung aus akademischem Arbeiten, literarisch-philosophischem Interesse und einem eigenen, unabhängigen Standpunkt zeichnet Baberowski aus. Der Mann hat etwas zu sagen und spricht es aus. Er ist offen für andere Sichtweisen, belehrt nicht, bleibt aber skeptisch und begründet seine Ansicht wohl überlegt. Das ist selten und erfreulich.

In sechs Kapiteln beschreibt, analysiert und erörtert Baberowski die Gewalt. Zunächst erklärt er, was Gewalt ist und wie man sie verstehen kann. Dann werden Zivilisierung, Entgrenzung, Unsichtbarkeit, Anthropologie und Macht als Perspektiven auf die Gewalt behandelt. Zu Wort kommen Analytiker von Gewalt wie Hannah Arendt, Wolfgang Sofsky, Heinrich Popitz, ferner Hobbes und Hume, Sloterdijk und Luhmann. Eine wichtige Kritik richtet sich auf die bisher unzulängliche Erforschung von Gewalt, weil stets nach den Ursachen gefragt werde, statt sich mit der Gewalt selbst zu befassen. Diese breite Lücke füllt Baberowski aus. Er beschreibt wie die Gewalt in konkreten Situationen und in freien Räumen entsteht, sich ausbreitet, in aller Grausamkeit; wie sie die sozialen Beziehungen verändert, die Menschen verändert – Täter und Opfer –, ob in Progromen, Lagern, Kriegsverbrechen, Revolutionen.

Deutlich wird: Gewalt ist nicht Folge von Ideologie, sondern ein elementares Vermögen des Menschen. Das ist der Schwerpunkt der Gewaltanamnese, nicht die punktuelle Gewalt in der westlichen Zivilisation, die allerdings durch die Lektüre des Buches in einem anderen Licht erscheint. Damit verbunden ist die Erkenntnis, dass Gewalt Vermögen ist, dass Gewalt auch in der zivilisierten Moderne allgegenwärtig ist.

Die Lektüre schlägt zuweilen auf das Gemüt. Das gilt auch für die bedrückende Botschaft: *„Der Glaube an die heilende Kraft der Zivilisation ist eine Illusion."* Für Freunde der Freiheit mag zudem der Befund unerwünscht sein, dass Freiheit eine Quelle der Gewalt ist, aber auch Quelle von Vorsicht. Ohne Staat gebe es keine Sicherheit. Und der Staat berge das größte Gewaltpotenzial. Davon ist Jörg Baberowski, mit schlagenden Argumenten zwischen den Buchdeckel versehen, überzeugt. Mit dieser Dialektik müssen wir Menschen leben. Der Staat ist die Institution, die die Menschen geschaffen haben, um der Gewalt und der Unsicherheit zu entkommen. Der Staat ist wiederholt in eine „Tyranis" umgeschlagen. Da Gewalt Teil des Menschseins ist, gilt es die Vorkehrungen gegen den Missbrauch von Gewalt zu verbessern und das Gewaltpotenzial einzuhegen. Dieses Bestreben wird solange anhalten wie es Menschen gibt. Mit den Worten von Jörg Baberowski: *„Erst wenn die Zentralgewalt sich gegen alle Widerstände durchsetzt und sich das Monopol auf legitime Gewaltausübung verschafft, können Menschen darauf verzichten, zu verletzen und zu töten, und sobald sie begriffen haben, dass sie Gewalt nicht benötigen, um sich zu schützen, gewöhnen sich auch daran, friedlich zu sein."*

FAZIT

Mythos Anarchokapitalismus

Fassen wir wesentliche Aussagen der in diesem Band formulierten Überlegungen zusammen, so ergibt sich folgender Überblick:

1. Es gibt einen festen Kern eines „wahren" Liberalismus: freie Marktwirtschaft, staatlicher Schutz von Freiheit und Eigentum, Herrschaft des Rechts.

2. Menschen sind keine isolierten Einzelwesen. In Kleingruppen, die sich durch gegenseitiges Kennen und Abgrenzung von Fremden auszeichnen, fordern sie Altruismus ein. Das Leben in der anonymen offenen Großgesellschaft erfordert universalisierbares Recht.

3. Die Koordination aller gemeinschaftlichen Belange erfolgt in der Sphäre der *res publica*. Der Staat oder die Staatsangehörigen werden mit der Durchführung der gemeinschaftlichen Aufgaben betraut.

4. Klassische Liberale sehen einen Minimalstaat als die bestmögliche Lösung der Gemeinschaftsaufgaben an. Anarchokapitalisten sind keine Liberalen, trotz ihres Strebens nach Freiheit.

5. Das Gewaltmonopol lässt sich nicht privatisieren und durch einen unternehmerischen Wettbewerb ersetzen. Dort wo es kein Gewaltmonopol gegeben hat und gibt, wird um das Gewaltmonopol gekämpft. Das liegt daran, dass Sicherheit kein Gut wie jedes andere auch ist. Gewalt lädt zum Missbrauch ein, zur gewaltsamen Ausschaltung von Wettbewerbern. Die Folge von Gewaltwettbewerb ist die Bildung eines Monopols oder auch eine Kartellierung.

6. Gustave de Molinaris Schrift „Produktion der Sicherheit" ist argumentativ unzureichend, um eine Vermarktlichung des staatlichen Gewaltmonopols zu begründen. Seine Hypothesen zeichnen sich durch Ökonomismus, a-historische Argumentation und jugendlichen Überschwang aus, die in einer Zeit des Friedens geschrieben wurden. Seine These stellt lediglich eine Behauptung dar, deren Begründung essentielle logische Fehler aufweist und von einem falschen Sicherheitsverständnis ausgeht. Sicherheit wird nicht produziert, sondern ist ein komplexer öffentlicher Zustand, der sich durch den Schutz von Leib, Leben, Eigentum und einer pluralistischen Gesellschaft auszeichnet, in der dem Recht eine entscheidende Rolle für das sichere und Erwartungen stabilisierende Zusammenleben verschiedener Menschen zukommt.

7. Anarchokapitalismus propagiert durch die Überwindung von Staat und Gesellschaft ein besseres, herrschaftsfreies Leben, das tatsächlich aber die Form einer Hölle auf Erden angenommen hat oder künftig eine Dystopie darstellen würde. Die Stärke des Rechts weicht unweigerlich dem Recht des Stärkeren.

8. Der Anarchismus von Michael Huemer leidet unter struk-
turell ähnlichen Defiziten wie das schon bei Gustave de
Molinari der Fall ist. Deutlich tritt der argumentativ brü-
chige Konstruktivismus und Szientismus einer erdachten
Lebensweise von Menschen hervor. Moral ist subjektiv
und kann nicht als Grundlage einer Gesellschaft dienen,
da es am objektivierten Recht und seiner Durchsetzung
mangelt. Moral bildet zwar tatsächlich eine maßgebliche
Grundlage für erfolgreiche soziale Kooperation, reicht
aber allein als ein weiches Bindemittel nicht aus. Die Argumente für eine Bürgerbewaffung, eine vollkommene Freigabe aller Drogen und eine unbegrenzte Einwanderung
überzeugen auch aufgrund ihrer realitätsfremden Einsei-
tigkeit nicht. Exemplarisch zeigt sich bei Huemer eine aus-
geprägte Elfenbeinturm-Perspektive, die verdeutlicht,
warum Anarchisten zurecht am der Gesellschaft wahrgenommen werden.

9. Eine Reihe von Freiheitsdenkern hat unterschiedliche
Aspekte herausgearbeitet, um den Prozess der Begrenzung staatlicher Macht fortzuführen und zu perfektionie-
ren. Hierin besteht die Aufgabe der Freiheitsfreunde, nicht
in einer Abschaffung von Staat und Gesellschaft. Das liegt
auch daran, dass Politik zwar überwiegend das Problem,
und nicht die Lösung ist. Zugleich lässt sich Politik aber
nicht beseitigen. Sie existiert seit Menschen eine öffentliche Sphäre bilden, in der Belange der Gemeinschaft thematisiert werden.

10. Historische Untersuchungen über Gewaltmärkte, private
Sicherheits- oder Gewaltunternehmer und fehlende Staatlichkeit bei offenen Gewalträumen kommen zu dem Er-

gebnis, dass der Gewaltwettbewerb zur Staatsbildung führt. Führend sind die relativ stärksten Gewaltunternehmer, die ihre Fähigkeit zur (gewaltsamen) Machtausübung mit einer territorialen Herrschaft verbinden. Bereits in der Frühen Neuzeit existierten globale Gewaltmärkte, die zu einer weitreichenden Spezialisierung von Sicherheitsunternehmern führten. Diese stellten Ressourcen für den Krieg bereit, den sie für ihre Auftraggeber nährten. Das Profitstreben stand im Dienst der Mächtigen und unterstützte deren Staatsbildung.

11. Das Auftreten von Söldnern besitzt sowohl militärische und sozioökonomische als auch staatliche Aspekte. Söldner und die sie beschäftigenden Sicherheitsunternehmen wurden und werden für Staaten respektive ihre obrigkeitlichen Vorformen tätig. Gewaltunternehmer sorgten weder für mehr Sicherheit noch unterminierten sie Staatlichkeit, sie wirkten vielmehr staatsbildend.

12. Gewalt ist eine alltägliche und attraktive Handlungsoption. Sobald Gewalt nicht durch ein Monopol beschränkt wird, Gewalt geduldet oder unbestraft bleibt, sind Exzesse und Progrome möglich, vor denen keine Zivilisation schützt. Das Nichtagressionspostulat der Anarchokapitalisten ist eine Fiktion und nicht mit den Menschen in dieser Welt vereinbar. Es besteht ein zwingender Zusammenhang zwischen einem Gewaltmonopol und einem Gewaltverzicht von Menschen. Das Monopol kann allerdings missbraucht werden.

13. Anarchismus und Liberalismus sind zwei unvereinbare Weltanschauungen. Ihre Gegensätze sind unüberbrückbar.

Selbstjustiz statt Recht, Gemeinschaft statt Gesellschaft, Sezession und Isolation in Verbindung mit Fundamentalopposition sind einige der Kennzeichen für eine Denkrichtung, die Gesellschaft und Staat zu überwinden statt fort zu entwickelt sucht. Anarchisten haben daher dem Wesen nach nichts für eine Weiterentwicklung unserer Gesellschaft beizutragen. Die Überschneidung mit dem Liberalismus hinsichtlich der hohen Wertschätzung von Freiheit ist der einzige verbindende Aspekt.

Anarchokapitalismus ist keine Weiterentwicklung des Liberalismus, sondern stellt eine Abkehr dar, die auf eine Überwindung zielt. Die Annahme einer Kooperation beider Strömungen ist eine Illusion. Die intensive Auseinandersetzung mit Argumenten von Anarchokapitalisten mündet in einem ernüchternden Ergebnis. Die argumentative Basis zerfällt bei einer eingehenden Prüfung. Derzeit ist nicht erkennbar, dass sich eine weitergehende Überprüfung epistemologischer Grundlagen lohnen könnte. Anarchokapitalismus ist keine Freiheitsbotschaft, sondern konsequent betrachtet und verwirklicht freiheitsfeindlich.

Mythen sind, in Anlehnung an Milton Friedman, wie Luftmatratzen: Es ist nichts drin und man liegt darauf sehr bequem, solange niemand die Luft herauslässt und einen wachrüttelt. Anarchokapitalismus ist solch ein Luftmatratzenphänomen. Humorvoll betrachtet gilt: Anarchie ist immer noch besser als gar keine Regierung.

Schlussbetrachtungen

HK: Warum haben wir uns eigentlich mit Anarchokapitalismus beschäftigt?

MvP: Auftakt war die Herausgabe der Schrift de Molinaris durch Tomasz Froelich, der in der Edition Forum Freie Gesellschaft mit *Bildungsfreiheit statt Bildungseinfalt* eine anarchokapitalistisch konnotierte Bildungsreform formuliert hat. Zugleich fiel Dir und mir auf, dass junge Freiheitsfreunde in sozialen Medien, aber auch in persönlichen Gesprächen, schnell anarchokapitalistische Positionen eingenommen haben. Nach unserer Beschäftigung, lohnte sich die Auseinandersetzung mit dem Anarchokapitalismus?

HK: Für mich hat sich die Auseinandersetzung gelohnt, weil sie mich zu der Erkenntnis geführt hat, dass die Idee des *Rechts* eine unverzichtbare Kernidee des Liberalismus ist. Der Anarchokapitalismus kennt nur eine Rechtsidee, die mit der Idee der individuellen Selbstbestimmung zusammenfällt. Er begreift nicht die friedensstiftenden Funktion einer *übergeordneten allgemeinen* Rechtsordnung. Das Ich ist für ihn ein Gott, der durch kein anderes Ich und schon gar nicht durch einen Staat entweiht werden darf. Natürlich ist das für junge Leute verfänglich. Dagmar Schulze Heuling hat in einem klugen Artikel im *Schweizer Monat* gezeigt, dass im Rahmen dieser Denkweise Rechtsverletzungen, also auch Mord, nicht verboten sind, sondern nur Schadensregulierungsfälle darstellen.[63] In der völligen Ignoranz der Rechtsidee verirrt sich der Anarchokapitalismus in eine Utopie, deren Logik schon bei dem einfachsten Gedankenspiel eines banalen Konfliktes zusammenfällt, wie

---

63   Dez. 15/Jan. 16, S. 36.

Buchanan zeigte. Was ist aus deiner Sicht die Hauptschwäche dieser Richtung?

MvP: Ihr realitätsfremder Konstruktivismus. Über die Lektüre hinaus ist mir besonders in persönlichen Begegnungen deutlich geworden, wie sehr sich die Vertreter von der Welt von heute abschließen, aber auch von der Welt von gestern und morgen. Nach einer intensiveren Diskussion war mir eines Abends klar, dass es sich um eine Sekte handelt. Zuweilen gilt Anarchokapitalismus als Weiterentwicklung des Liberalismus. Was hältst Du davon?

HK: Aus meiner Sicht ist der Anarchokapitalismus keine Weiterentwicklung des Liberalismus, weil er den zentralen Bereich gar nicht rezipiert: den Klassischen Liberalismus. Er setzt beim naturrechtlich argumentierenden Frühliberalismus an und mischt eine absolute Staatsnegierung auf dem Hintergrund einer supranationalen Internetwelt darunter. Locke plus Chaos Computer Club, fertig ist die Suppe. Er überspringt den Paradigmenwechsel von der naturrechtlichen zur utilitaristischen Begründung. Er ist systemtheoretisch ignorant. Im Gegenteil: Er ist eine Rückentwicklung in eine längst überwundene Frühzeit. Meiner Meinung nach ist de Molinaris Schrift eine Jugendsünde. Sie verbindet jugendliche Unreife mit jugendlicher Radikalität und Simplizität. Was die amerikanische Tradition betrifft, mit der Du Dich bei *Huemer* exemplarisch auseinandergesetzt hast, steht sie im Umfeld des radikalen Flügels der Republikaner und ist diesem Milieu verpflichtet. Es ist eine Mischung aus männlichem Chauvinismus, Waffennarrheit und Egoismus, eine Legierung aus Clint Eastwood und Ayn Rand. Siehst du Überschneidungen zwischen Anarchokapitalismus und Klassischem Liberalismus, aus der sich eine langfristige gemeinsame Perspektive ableiten lässt?

MvP: Nein, leider nicht. Und das ist für mich die zweite, ein wenig überraschende Erkenntnis. Dabei hätte mir das schon klar sein müssen als vor Jahren im Liberalen Privatseminar das Thema Anarchokapitalismus behandelt wurde. Norbert Tofall hat mich damals klug und treffsicher darauf aufmerksam gemacht. Anarchokapitalisten stören das Seminar. Sie können nichts zur Weiterentwicklung einer liberal verfassten Welt beitragen. Das hat, wie ich finde, auch Richard Epstein in einem hier bereits erwähnten Podcast anschaulich geschildert. Sinngemäß: Was könne Rand Paul dem Wähler in Punkto Freiheit und Wohlstand bieten? Den Staat abschaffen und alles werde gut! Wie sollen Gemeinschaftsaufgaben gelöst werden ohne Steuern? Privat und freiwillig! Normale Menschen, die sich nicht mit Ideengeschichte beschäftigen, haben eine Abneigung gegen derartige Spinnereien. Und das ist gut so. Der Dogmatismus vieler Anarchokapitalisten ist leider destruktiv. Zugleich gibt es auch einige richtig nette Anarchisten. Auch wenn ich deren Positionen nicht teile, haben sie doch etwas zu sagen, über das es sich nachzudenken lohnt, besser lohnte. Denn das ist immer weniger der Fall. Das führt mich zu der Frage: Wie mit den Anarchokapitalisten umgehen?

HK: Wir müssen unterscheiden zwischen einer platten Ideologie und freiheitsliebenden Menschen, die von dieser fasziniert sind. Es ist nicht jedermanns Sache, sich in die philosophischen Fragen einzuarbeiten. In der praktischen Arbeit z.B. in der ESFL ist die Zusammenarbeit mit vielen Freunden, die sich dem Ancap-Lager zurechnen, unproblematisch und fruchtbar. Einige sind von ansteckendem Idealismus. Allerdings sind andere wieder beleidigt, wenn ihrem Mythos die Luft entweicht, und ihre Gurus reagieren durchweg feindselig, gleichwohl argumentativ schwach. Ich kann sie als Debattengegner immer weniger ernst nehmen. Die vielen Mitläufer müssen die Kritik an ihren Theorien aushalten, wenn sie im Umfeld von Liberalen agieren. Wer starke Sprüche klopft, muss sich nicht wundern, wenn er auseinander genommen wird. Der Liberalismus ist eine der Hauptströme der abendländischen Philosophie, der von Aristoteles bis Hayek reicht und herausragenden Köpfe angezogen hat. Es ist schon dreist zu prophezeien, dass der Unterschied zwischen einem Liberalen und einem Ancap ein halbes Jahr sei (der geistigen Entwicklung). Es ist so, als wollte ein Anhänger Wilhelm Reichs gegen die Physik von Galilei, Newton, Huygens, Helmholtz, Planck, Einstein, Heisenberg und dem gesamten MIT antreten.

MvP: Das sehe ich auch so. Und deshalb ist mir unser Buch auch so wichtig. Jeder kann sich selbst eine Meinung bilden. Diejenigen, die unbedarft und unreflektiert den Hoppe'schen oder Rothbard'schen Katechismus nachbeten, haben nun die Möglichkeit, eine andere Perspektive zu lesen. Ich würde mich freuen, wenn einige erkennen: Anarchokapitalismus ist der Versuch, das kleinere Übel durch das größere zu ersetzen.

Zu den Autoren

Helmut Krebs, verheiratet, mehrfacher Vater und Großvater, ist Pädagoge und autodidaktischer Philosoph. Er übersetzte die wichtigsten englischsprachigen Werke von Ludwig von Mises, u.a. *Human Action* und *The Ultimate Foundation of Economic Science*. Von ihm erschienen bisher die Übersetzung Ludwig von Mises *Theorie und Geschichte,* die Monografie *Klassischer Liberalismus* und das Essay *Sklerose. Leitbilder und Ideologien einer alternden Gesellschaft* in der Edition Forum Freie Gesellschaft.

Dr. Michael von Prollius ist Publizist und Gründer von Forum Freie Gesellschaft, einer Internetplattform, die sich für die Wiederbelebung und Weiterentwicklung des klassischen Liberalismus, der Österreichischen Schule und eine freie Gesellschaft einsetzt. Sein letztes Buch widmet sich diesem Ziel aus ordnungspolitischer Perspektive und heißt *Auf der Suche nach einer neuen Ordnung.* In der Friedrich August von Hayek Gesellschaft engagiert er sich in der Leitung des Juniorenkreises Wissenschaft. Mit der Schweiz verbindet ihn die Tätigkeit als assoziierter Forscher beim Liberalen Institut. Michael von Prollius lebt mit seiner Familie in Berlin.

Forum Freie Gesellschaft

Forum Freie Gesellschaft (www.forum-freie-gesellschaft.de) ist eine Internetplattform, die für eine Ordnung der Freiheit wirbt. Die Autoren setzen sich mit Analysen und Kommentaren für eine freie Gesellschaft und freie Märkte ein. Grundlage bilden die Ideen der europäischen Humanisten, Ökonomen und Sozialphilosophen. Dieses Bewusstsein wachzuhalten und an einer Erneuerung des klassischen Liberalismus mitzuwirken, ist das wesentliche Ziel von Forum Freie Gesellschaft.

Edition Forum Freie Gesellschaft

Bisher erschienen:

Bd. 1

Helmut Krebs: *Klassischer Liberalismus. Die Staatsfrage – gestern, heute, morgen*, hg. von und mit einem Aufsatz von Michael von Prollius, Norderstedt 2014, 216 S., 7,99 Euro (Taschenbuch), 4,49 Euro (Ebook).

Bd. 2

Tomasz M. Froelich: *Bildungsvielfalt statt Bildungseinfalt. Bessere Bildung für alle ohne Staat*, Norderstedt 2015, 108 S., 6,99 Euro (Taschenbuch).

Bd. 3

Dagmar Schulze Heuling: *Lob der Ungleichheit. Das Postulat der Gleichheit unter Legitimationsdruck*, Norderstedt 2015, 108 S., 7,00 Euro (Taschenbuch).

Bd. 4

Helmut Krebs: *Sklerose. Leitbilder und Ideologien einer alternden Gesellschaft*, mit einem Vorwort von Michael von Prollius und einem Nachwort von Titus Gebel, Norderstedt 2015, 212 S., 7,99 Euro; 4,49 Euro (Ebook).